Idées reçues sur l'assurance

Idées reçues sur l'assurance

Cédric Pironneau
Jérémy Sebag

idées reçues

Issues de la tradition ou de l'air du temps, mêlant souvent vrai et faux, les idées reçues sont dans toutes les têtes. Les auteur·e·s les prennent pour point de départ et apportent ici un éclairage distancié et approfondi sur ce que l'on sait ou croit savoir.

Le Cavalier Bleu
ÉDITIONS

Cédric Pironneau

Cédric Pironneau (ISG cycle national, maîtrise de philosophie Paris I) est Directeur Général et cofondateur de SPVIE Assurances. Il a été auparavant chargé de clientèle chez Gras Savoye et chargé du suivi et du développement d'un portefeuille grands comptes chez Malakoff Médéric. Il est par ailleurs conseiller prud'homal.

Jérémy Sebag

Jérémy Sebag (ESA) est Président et cofondateur de SPVIE Assurances. Il était auparavant chargé d'affaires grandes entreprises chez Gras Savoye. Il a été également Président du collège IDF et Centre de Planète CSCA de 2018 à 2022. Il a cofondé en juin 2017 l'association Assure moi un Projet (AMUP) engagée dans l'inclusion des personnes éloignées de l'emploi, et est membre du board fondateur de l'association L-Impact pour favoriser les femmes à des positions de top-management. En 2020, Jérémy Sebag a intégré le Classement Choiseul qui met en lumière les 100 dirigeants les plus prometteurs pour l'avenir de l'économie française.

ASSURANCE – Du latin *securus* (« sûr ») et de son dérivé *securitas* (« sécurité, sûreté »), c'est le mot en bas latin *assecurare* (« rendre sûr ») que l'ancien français a repris sous la forme *asseürer* qui donnera le terme moderne, et ses significations multiples : assurance revêt en effet plusieurs sens complémentaires. Du fait dont on a une profonde conviction et donc « d'en être assuré » jusqu'à la confiance en soi quand on agit « avec assurance », c'est ainsi une vraie promesse qui résume ce sentiment fort : « on a eu l'assurance », la garantie reçue (ou donnée) dans une affaire.

Dans l'acception qui nous occupe, l'assurance est ainsi le fait pour une société de garantir des personnes ou des biens par un contrat aux termes duquel elle s'engage à verser une indemnité en réparation de dommages éventuels.

La première origine du mot et du concept d'assurance apparaît en ancien français au XIIe siècle avec la notion d'asseurement, qui dérivera jusqu'à notre terme moderne. Il s'agissait d'une « promesse solennelle qu'une personne donnait à une autre de s'abstenir de toute violence envers elle ». En effet, l'asseurement était un contrat, juré solennellement en justice, pour prévenir la survenance de violences et de garantir la sécurité de celui qui l'a obtenue, dans le cadre de rivalités personnelles et cycles de vengeances.

C'est aux XVe et XVIe siècles que l'on retrouve les notions positives de sécurité et de sûreté du latin *securitas* associées en français moderne : ces complémentarités et nuances entre deux termes sont au fondement même du sens moderne du mot assurance, mais aussi de toute explication ou réflexion sur la culture assurantielle.

Sommaire

Introduction

« Assureurs, voleurs » ? Régulièrement, les métiers de l'assurance sont en tête des sondages et baromètres des professions que les Français aiment le moins, ou en lesquelles ils ont le moins confiance. Reconnaissez que sur un profil de site de rencontres ou lors d'une soirée où vous rencontrez des inconnus, annoncer travailler dans l'assurance n'aura pas le même effet que d'autres professions plus plébiscitées !

Nous sommes nombreux à avoir vu, lu ou entendu des témoignages de petits tracas et gros fracas avec son assureur, des lenteurs ou complexités administratives dignes des 12 travaux d'Astérix ou de petites lignes dans son contrat utilisées à dessein pour refuser d'indemniser. Peut-être avez-vous expérimenté vous-même certains désagréments ou différends avec votre assureur ou intermédiaire. Autant de témoignages et d'expériences qui semblent confirmer tous les préjugés et idées reçues que nous avons sur les sociétés d'assurance et ceux qui travaillent dans ce secteur à l'image vieillotte, rigide et technocratique.

Le secteur de l'assurance reste responsable en grande partie des idées reçues que l'on a sur l'assurance car, à l'instar de l'armée surnommée « la grande Muette », on pourrait appeler l'assurance « la petite Muette » tant elle n'a que trop rarement fait preuve de pédagogie, d'explications et de mises en perspective auprès du grand public. Ainsi, certaines idées reçues ont la vie dure, et sont pour un grand nombre à l'origine de bien des incompréhensions et déceptions des Français envers leurs assureurs.

Il ne s'agit pour autant pas d'absoudre les acteurs de l'assurance de leurs défauts, limites et lourdeurs pour l'assuré, qui existent et pénalisent parfois la confiance et la sérénité qu'attendent les assurés lorsque, au moment d'un sinistre et parfois d'une catastrophe personnelle, ils contactent leur assureur et peuvent se sentir désœuvrés et dans l'incompréhension devant certaines procédures, délais ou clauses de leur contrat.

Alors que les différents produits d'assurance sont au cœur de la vie des personnes, de l'activité économique des entreprises et des dispositifs légaux qui nous permettent de fonctionner en tant que société, nous vous proposons de mieux comprendre l'assurance, son état d'esprit et son fonctionnement pour aborder plus sereinement, et avec plus d'assurance, votre éventuel prochain sinistre ou remboursement de mutuelle santé.

« L'ASSURANCE, ON N'Y COMPREND RIEN ET C'EST VOULU ! »

« L'assureur ne rembourse jamais. »

Nous n'avons pas tant à nous servir des services que nous rendent nos amis, que de l'assurance que nous avons de ces services.

Épicure

Aux origines de l'assurance

L'assurance n'est pas un concept moderne. Environ en 1700 avant J.-C., le Code d'Hammourabi à Babylone précisait déjà les conditions de partage entre les parties en cas de pertes durant le transport de marchandises en caravane ou par voie maritime, en cas d'intempéries ou d'attaque de pirates ou de bandits. En déterminant à l'avance les conditions en cas de survenance d'un dommage imprévisible, cela préfigurait les bases d'un contrat d'assurance.

C'est un millénaire plus tard qu'un autre fondement de l'assurance voit le jour, à Rhodes en Grèce : la mutualisation. Les marchands dont les biens arrivaient à destination sans encombre indemnisaient ceux qui avaient eu moins de chance. Pour cela, ils mettaient de côté une somme déterminée pour constituer un fonds commun de dédommagement.

Avec le « prêt à la grosse aventure », également appelé *nautika* ou prêt maritime, apparu dès le IVe siècle avant J.-C., on retrouve les bases de l'assurance moderne. Si un marchand avait contracté un prêt pour financer son expédition par transport maritime, il avait la possibilité de verser une somme complémentaire à titre d'assurance. En cas de vol ou d'accident, le prêt n'avait alors plus à être remboursé.

C'est aussi aux Grecs et aux Romains que nous devons l'assurance santé et l'assurance vie, mais ce n'est qu'à la fin du Moyen Âge que l'assurance commence à prendre la forme qu'on lui connaît aujourd'hui. Le plus ancien contrat d'assurance dont nous avons la trace a été souscrit à Gênes en 1347, et c'est également à Gênes que fut fondée la première société d'assurance maritime en 1424. En France, La Compagnie générale des assurances et grosses aventures n'est créée par un édit de Louis XIV qu'en 1686.

Les contrats d'assurance incendie, premiers à destination du grand public, voient le jour en 1666 au Royaume-Uni. Il faudra attendre 1786 pour que se créent en France la Société d'assurances générales contre l'incendie des frères Périer et la Compagnie d'assurances contre l'incendie de Clavière et Batz.

Suivront alors, en France, les contrats d'assurance sur la vie, autorisés en 1818, l'assurance chômage en 1910… puis l'assurance auto qui devient obligatoire en 1958. L'assurance contre les risques locatifs, elle, ne verra le jour qu'en 1982 !

Aléas et risques du métier

« Si on est sûr du risque, on n'assure pas. » Ce qui pourrait être une citation d'un assureur anglais montre bien le cœur du sujet : le risque doit être aléatoire pour qu'on l'assure. Et même en Grande-Bretagne où l'on peut assurer tout et n'importe quoi ou presque (par exemple en cas d'enlèvement, de fécondation ou de mort provoquées par des aliens… ou pour rembourser votre tournée au bar si vous faites un « trou en un » au golf), on n'y déroge pas. La notion d'aléa est au cœur même du principe de l'assurance. L'aléa est un événement imprévisible : il ne se provoque pas, il ne s'empêche pas, il ne se prévoit pas. Il adviendra… peut-être, ou peut-être pas. Le contrat d'assurance est donc, par nature, un contrat aléatoire.

L'assureur s'engage à indemniser un assuré pour un risque, dans le cas de la survenance hypothétique d'un événement aléatoire et interviendra après la réalisation d'un sinistre éventuel. Par exemple, l'assureur habitation couvre le risque de vol ou d'incendie.

Un risque peut se définir en assurance comme un événement préjudiciable, futur et incertain ou d'un terme indéterminé survenant en dehors de la volonté des parties et contre lequel on souhaite se prémunir. Pour être assurable, un risque doit être réel. Le caractère réel du risque impose que le sinistre puisse arriver : l'événement doit être incertain, futur et indépendant de la volonté des parties.

Il n'y a pas d'incertitude si la réalisation du risque est certaine ou si, à l'inverse, elle est impossible. Et si la mort est sans doute un événement inéluctable, la survie ou le décès d'une personne à une date donnée, sont, eux, des événements incertains. C'est ainsi que l'on peut souscrire une assurance décès : l'incertitude ne repose pas tant sur le décès que sur sa date et ses circonstances.

Le risque doit être futur : si l'événement est passé, s'il s'est déjà réalisé au moment de la conclusion du contrat, alors ce dernier est nul… et même si vous, comme l'assureur, ignoriez que le risque était survenu. Vous ne pourrez ainsi pas souscrire à un contrat auto pour couvrir l'accident que vous venez d'avoir, ou vous faire rembourser la prothèse dentaire que vous venez de vous faire poser. On trouve toutefois une exception à ce refus du risque dit « putatif » pour les assurances de responsabilité professionnelle : un entrepreneur du bâtiment, qui doit assurer une garantie décennale, peut demander une « reprise du passé » pour qu'il soit couvert des chantiers qu'il aura réalisés avant la souscription de son contrat, durant toute la durée de garantie de ce dernier.

Dernière condition de réalité du risque : l'événement doit être indépendant de la volonté des parties. S'il dépendait de la seule volonté de l'assuré de réaliser ou non le risque, il n'y aurait plus d'aléa. Ainsi, vous ne pourrez pas demander à l'assureur de votre contrat tous risques de vous refaire la carrosserie de votre voiture si vous l'avez volontairement accidentée contre un mur. Par application de cette idée, en principe, le législateur déclare aussi nulle l'assurance décès si l'assuré se donne volontairement la mort.

Ce principe de nécessité de volonté permet par ailleurs à l'assureur de couvrir des fautes non-intentionnelles. C'est tout l'objet par exemple de la responsabilité civile automobile mise en place en 1985 avec la loi Badinter : votre assureur auto indemnisera les victimes d'un accident de la circulation dont vous seriez responsable, même si vous avez commis une infraction au Code de la route.

Pour autant, le risque assuré doit être licite. Le contrat d'assurance doit couvrir un aléa conforme à l'ordre public et qui ne trouble pas les bonnes mœurs. Ne peuvent pas être garantis, par exemple, des activités professionnelles interdites (exercice illégal de la profession de médecin), de contrebande… ou plus généralement tout acte délictuel ou criminel.

Dommages et responsabilités

Il faut distinguer deux grandes notions en matière d'assurance : les dommages et les responsabilités. C'est un autre grand principe de l'assurance. On appelle « dommages » les dommages ou dégradations ou pertes que vous subissez, là où on appelle « responsabilité » les dommages ou préjudices que vous causez à des tiers.

C'est pour cela que l'on dit, en matière d'assurance automobile, que l'on est couvert « au tiers » (uniquement envers les autres) ou « en tous risques » (c'est-à-dire incluant les dommages que l'on causerait à son véhicule et éventuellement à soi-même). Évidemment, la prime d'assurance n'est pas la même et une couverture en tous risques coûte beaucoup plus cher... Il faut donc se poser la question de la nécessité d'assurer en tous risques un véhicule d'occasion de faible valeur ! Notons d'ailleurs que l'assurance automobile au tiers est l'une des seules assurances obligatoires légalement en France...

Le principe indemnitaire

Pour l'essentiel des assurances que nous souscrivons au quotidien, à savoir les assurances de biens et de dommages corporels, le principe indemnitaire s'impose. Selon ce principe, l'indemnité d'assurance ne peut pas dépasser la valeur du bien assuré dans les assurances de dommages. L'assureur vient en effet indemniser l'assuré pour rembourser les dommages, et non pour permettre un enrichissement personnel de l'assuré.

Ainsi, l'assurance va indemniser la victime en fonction du préjudice subi afin de compenser une perte. Elle le fera dans les limites des garanties souscrites (ce qui peut amener, par exemple, à une expertise), et sans contribuer à l'enrichissement de l'assuré. L'application de la clause de vétusté dans les contrats auto en est un bon exemple : elle a pour vocation à indemniser un bien à sa valeur réelle à l'instant présent, qui se déprécie souvent avec l'usure.

Pour autant, on retrouve le modèle forfaitaire dans un certain nombre de contrats, tels que les assurance vie, obsèques ou décès. Ce modèle détermine à l'avance une somme (ou un certain nombre de prestations pour une assurance obsèques), à verser lors de la réalisation du risque. Ces assurances forfaitaires vont concerner principalement les assurances vie ou décès, avec un capital ou une rente versés en fonction des conditions fixées dans le contrat.

Si l'on ne peut pas souscrire plusieurs contrats couvrant un même risque, en doublon ou cumul d'assurances, il est possible de cumuler des prestations forfaitaires à d'autres prestations de nature indemnitaire versées par une autre assurance. Par exemple, si une personne qui avait souscrit une assurance décès meurt dans un accident de la route, le bénéficiaire du contrat touchera le montant forfaitaire du capital assuré et les indemnités prévues dans le contrat de garantie corporelle du conducteur… ou celles éventuellement versées par l'assureur du conducteur responsable de l'accident.

Le cas particulier des assurances emprunteurs est à noter : le contrat prévoit deux types de couvertures, indemnitaire et forfaitaire. La première, que votre banquier vous proposera souvent voire systématiquement, comprend un complément de perte de revenu : vous êtes indemnisé à la hauteur de la différence de revenus si un risque prévu par le contrat survient. La deuxième couverture, forfaitaire, couvre quant à elle tout ou partie de la mensualité de votre emprunt, en fonction d'un pourcentage défini lors de la souscription du contrat.

Des tarifs à la tête du client

Vous payez une prime d'assurance, pour couvrir votre voiture ou votre maison par exemple, contre un risque tel qu'un accident ou un incendie. Pour déterminer quelle somme d'argent l'assureur va vous demander de payer pour qu'il accepte d'indemniser vos dommages si le risque devient réalité, les actuaires – imaginez la réunion en un seul cerveau d'un mathématicien / statisticien, d'un comptable et d'un juriste – vont raisonner en termes de fréquence et d'intensité pour déterminer le montant de votre prime à payer.

Une fuite d'eau est un sinistre qui arrive fréquemment, mais dont la gravité est faible. Inversement, un incendie qui ravage tout un immeuble est heureusement rare, mais son intensité – son impact financier – est très fort : cela peut se chiffrer en millions d'euros. De même, un parechoc froissé est fréquent, mais peu cher, là où un accident corporel dont vous seriez responsable est rare mais peut entraîner des montants d'indemnisation record ! Le Conseil national de la sécurité routière estimait en 2016 à plus de 3 millions d'euros le « coût » moyen d'une vie humaine à la suite d'un accident de la route.

Fréquence contre intensité : ce sont ces 2 critères qui vont donc faire pencher la balance chez l'assureur qui va d'abord décider d'assurer ou non un risque, puis calculer le montant de la prime d'assurance ensuite.

C'est sur la base d'un grand nombre de statistiques et de données, constituées auprès d'un large panel d'assurés et sur de longues périodes, que l'actuaire va pouvoir déterminer la fréquence d'un risque, son intensité, son coût moyen… mais aussi des potentialités supplémentaires, selon certains critères différents en fonction de la garantie : lieu de résidence, âge, profession… mais aussi modèle et cylindrée de votre voiture… jusque sa couleur ! Tout facteur déterminant qui n'est pas discriminant (sexe, religion, etc.), extrait de ses larges bases statistiques permet à l'actuaire de calculer le montant de la prime à demander au regard du risque assuré.

Le principe de mutualisation

Si le calcul de votre prime annuelle se base en partie sur votre profil et certaines caractéristiques personnelles, vous réglez une prime d'assurance pour vous protéger financièrement contre des risques. Ces sommes versées, ajoutées à celles des autres assurés, servent ainsi à alimenter un « pot commun » comptable qui permet de régler les sinistres qui ne surviennent qu'à quelques-uns, mais qui peuvent potentiellement arriver à tous les assurés. C'est le principe de la mutualisation des risques.

Pour être en mesure de garantir ce risque financier, les assureurs vont chercher à couvrir au sein d'un même portefeuille d'assurés un très grand nombre de personnes aux profils diversifiés, mais aussi en assurant un ensemble de risques tout aussi variés pour ne « pas mettre tous ses œufs dans le même panier ».

Prenons l'exemple d'une compagnie d'assurance qui se spécialise dans l'assurance pour des trottinettes électriques. Pour couvrir le risque de responsabilité civile obligatoire et de vol, elle vend son contrat pour une prime de 8 euros par an. Si elle ne vend que 125 contrats et qu'au moins une personne parmi ses assurés se fait dérober son bolide qui vaut 1 000 euros, l'assureur aura un ratio sinistralité sur prime de son portefeuille défavorable : il perdra de l'argent avec un équilibre technique égal à zéro. Soit sa prime est trop faible en fonction du risque, soit il ne vend pas assez de contrats.

En jouant sur le montant de la prime, le profil des assurés et le volume de contrats vendus, l'assureur aura à l'œil de conserver un portefeuille équilibré grâce auquel il sera en mesure, chaque année ou sur une plus longue période, de pouvoir indemniser les assurés victimes d'un risque couvert. Cette obligation de solvabilité des assureurs est d'ailleurs inscrite dans la loi.

Une pandémie ne s'assure pas.

Une pandémie (du grec ancien *πᾶν* / *pān* « tous », et *δῆμος* / *dēmos* « peuple ») est une épidémie présente sur une très large zone géographique, et qui a un impact fort. Ainsi, tout le monde ou presque est touché, et comme chacun a pu le constater, les dommages de la crise sanitaire de la Covid sont catastrophiques et mondiaux.

L'impact de la Covid sur nos économies a été tellement fort que ce sont ainsi les États – dont la France – qui sont intervenus, au travers de différents mécanismes de protection dont le prêt garanti par l'État, le chômage partiel... Si les assureurs avaient dû indemniser les pertes d'exploitation de toutes les entreprises impactées en même temps par la pandémie, ils auraient tous déposé le bilan... entraînant alors par ailleurs une réaction en chaîne paralysant l'économie bien au-delà d'une faillite en série d'établissements bancaires.

Si la pandémie a une forte intensité, le risque reste très peu fréquent *a priori* : la dernière pandémie date de 1957 (grippe asiatique ; virus H2N2), et la grande peste noire a plusieurs siècles... C'est vrai.

Alors pourquoi autant de tambouilles d'arrière-cuisine pour indemniser les restaurateurs de leurs pertes d'exploitation ? Parce que le risque assuré n'était pas aléatoire ou accidentel, il était même certain : la décision de fermeture administrative de tous ces établissements, tout comme les confinements, sont le fruit d'une décision politique.

En résumé, on se retrouve avec un impact fort qui touche tout le monde et qui est le fruit d'une décision humaine : ce n'est pas assurable ni assuré. Même si les différentes juridictions sont en train d'analyser les dossiers et procédures intentées par les restaurateurs ou professionnels du spectacle, c'est la position théorique et la réalité mathématique que beaucoup d'assureurs ont ainsi défendues. De même, la pollution ne s'assure pas non plus... pas plus que le réchauffement climatique !

« Pour s'assurer, il vaut mieux être jeune, riche et en bonne santé. »

Le plus pauvre n'échangerait pas sa santé pour de l'argent, mais le plus riche donnerait tout son argent pour la santé.

Charles Caleb Colton, écrivain

On ne paye pas tous le même prix

C'est une évidence : il vaut mieux être jeune, riche et en bonne santé que pauvre, vieux et malade. C'est une réalité que les assureurs connaissent bien : la gravité du risque. Un jeune est moins malade qu'une personne âgée. Une personne riche a accès à des soins de meilleure qualité… ou en tout cas à des spécialistes et des traitements de coûts supérieurs dispensés par des grands médecins de renom, contrairement au quidam dans une ville de taille moyenne. On peut donc affirmer que dans la vie comme en assurance un jeune, riche et en bonne santé est un risque de meilleure facture qu'un vieux malade et pauvre.

Si l'assurance repose sur un principe de mutualisation, et ce quelle que soit la nature du risque couvert (personnes, biens ou responsabilités), les assureurs sont obligés de différencier leurs tarifs afin d'attirer des clients. Ainsi, la prime de risque n'a pas la même valeur pour un véhicule en bon état ou pour un véhicule mal entretenu, pour une usine disposant d'un système de protection sophistiqué ou pour un hangar à l'abandon, ou bien pour une personne en bonne santé face à une personne plus âgée et malade.

Dans un monde parfait, du point de vue de l'assureur, tous les clients couverts pour un même risque devraient payer le même prix : les biens portants finançant les dépenses de santé de ceux plus souvent malades. Ainsi, dans le jargon assurantiel, on dit que « le bon risque équilibre le mauvais risque ». Mais puisque nous ne vivons heureusement pas dans un monde conçu par les assureurs, la concurrence aidant, il faut être attractif et donc attirer les bons risques : ceux qui n'ont que peu de sinistres, et pour cela rien de tel que de baisser les prix de l'assurance !

On n'imagine pas à quel point les prix de l'assurance entre bon risque et mauvais risque peuvent être différents. On parle parfois d'un rapport de 1 à 5 ! Nos amis anglais disent ainsi : « il n'y a pas de mauvais risque mais seulement des mauvaises primes » (des prix trop bas). Nous touchons du doigt la notion de tarification du risque, vaste sujet technique dans lequel nous n'entrerons que partiellement mais dont il est important de comprendre les principes.

Les assureurs disposent de modèles actuariels (la science de l'assurance) et de bases tarifaires fondées sur l'expérience. Plus l'assureur a une connaissance approfondie des risques, plus il sera en capacité de calculer son tarif : c'est-à-dire au point d'équilibre entre les primes et les sinistres, et en incluant sa marge.

Concernant les risques liés aux personnes comme les frais de santé (communément appelés la mutuelle santé), la prévoyance (le décès, l'incapacité de travail ou l'invalidité) ou la retraite, les directions techniques des compagnies travaillent sur la base de tables de mortalité qui donnent l'espérance de vie en fonction de votre âge et de votre sexe. Et d'ailleurs rappelons-le : les femmes vivent plus longtemps que les hommes ! Ces tables de mortalité qui évoluent dans le temps en fonction de l'espérance de vie de la population française sont la bible des actuaires en assurance vie. Ainsi, en prévoyance, le risque est la mort alors qu'en retraite, le risque c'est la vie : plus je décède tôt, plus je coûte aux régimes de prévoyance (je n'ai pas cotisé très longtemps)… et plus je vis vieux, plus je coûte cher aux régimes de retraite (qui doivent financer ma retraite plus longtemps) !

En 1955, l'espérance de vie d'un homme était de 65,2 ans, quand elle était de 76,8 ans cinquante ans plus tard. Pour les femmes, l'écart est similaire : 71,5 ans en 1955 contre 83,9 ans en 2005. Soit un gain de presque 12 années. C'est sans doute ce qui explique que les régimes de retraite par répartition (Sécurité sociale, AGIRC et ARRCO), comme les régimes par capitalisation (le Plan d'Épargne Retraite dans les entreprises, dits « article 83 » ou « article 39 », qui ont remplacé les PERCO, contrats Madelin ou PERP depuis la loi Pacte d'avril 2019), doivent être réajustés régulièrement, tant sur le niveau des pensions que sur l'âge pour en bénéficier.

Exemple pratique : contrat d'assurance santé individuel

Pour une couverture santé individuelle en complément des remboursements de la Sécurité sociale, en fonction des tarifs d'un grand acteur français représentatif, établis en juillet 2021, un homme de 28 ans habitant à Dunkerque payera une cotisation mensuelle de 46,11 euros contre 51,23 euros pour la même couverture à Lyon ou à Cannes. Ces 5 euros d'écart représentent 10% de la cotisation pour la même couverture : un écart important ! Pour la même couverture, un homme de 58 ans payera 67,53 euros à Dunkerque contre 73,03 euros à Cannes.

Avec un vieillissement de l'assuré de 20 ans, le tarif santé a augmenté de plus de 45%. Pourquoi tant d'écart de tarif en partant du principe que ces tarifs sont établis « à l'équilibre », c'est-à-dire dans une optique de couverture des dépenses de santé par le volume des cotisations et sans frais de gestion ou de distribution (le tarif technique) ?

Tout simplement parce que les dépenses de santé évoluent en fonction de votre âge. Si on simplifie la lecture, on peut dire que la petite enfance entraîne des dépenses de fréquence autour de la pédiatrie et la pharmacie, l'adolescence avec l'orthodontie et l'optique, l'âge adulte le dentaire et l'optique à nouveau… Ensuite, à partir de 50 ans les maladies chroniques font leur apparition (hypertension, diabète…), les maladies plus lourdes sont plus fréquentes à partir de 60 ans (cancers et autres maladies mortelles), la vieillesse avec des hospitalisations fréquentes et un poste pharmacie explosif.

Plus le risque est dit lourd ou gros (hospitalisation, traitement fréquent), plus la Sécurité sociale prend en charge les soins. Parallèlement, plus les dépenses de santé concernent la médecine de ville, l'optique et le dentaire, plus les complémentaires prennent en charge. Optique et dentaire représentent d'ailleurs en moyenne 40% des remboursements des complémentaires ! Partant de ce principe, une personne de 20 ans coûte moins cher à assurer qu'une personne de 55 ans.

Le deuxième critère que nous avons retenu dans notre exemple concerne le lieu d'habitation de la personne. En effet, le prix de la médecine de ville ou privée est très variable d'une région à l'autre. Par exemple, le prix d'une consultation de gynécologie est en moyenne de 65 euros en Alsace, 60 euros dans les Hauts de France, 85 euros en PACA… et 90 euros à Paris. Comment expliquer ces écarts de prix ? Les médecins parisiens seraient des voleurs, et les médecins alsaciens plus honnêtes ? Les médecins dans le Sud s'enrichissent-ils plus que les médecins bretons ? Évidemment, non. Le prix des consultations est lié à la marge sur les honoraires qu'il reste à la fin au professionnel de santé… et donc aux charges qu'il paye, notamment le loyer.

Si on se replace du point de vue de l'assureur, la couverture d'un assuré à Paris va coûter plus cher qu'à Perpignan car la personne va fréquenter des médecins plus chers à Paris qu'à Perpignan. À cela s'ajoute le fait qu'en moyenne, le revenu d'un habitant des grandes villes est supérieur à celui d'un habitant en milieu rural ou dans une petite ville de province : il est donc moins regardant à la dépense quand il s'agit de sa santé et qu'il en a les moyens. Il participe donc à la hausse des honoraires dans cette région, comme on le constate en région parisienne ou dans certaines villes de la Côte d'Azur.

L'assurance des crédits

L'assurance des crédits concerne une grande majorité de Français puisque qu'elle couvre l'emprunteur dans le cadre de l'octroi d'un crédit, qu'il soit immobilier ou un crédit à la consommation. En cas de survenance du risque, c'est-à-dire l'incapacité de rembourser le crédit liée à un accident comme l'invalidité ou la mort, l'organisme bancaire perçoit de la part de l'assureur le remboursement des sommes que l'emprunteur n'est plus en capacité de rembourser. Ainsi, les crédits s'éteignent lors du décès de la personne avant la fin, ne faisant pas porter le remboursement sur les ayants droit de la personne décédée.

Mais comparons maintenant les tarifs de ces crédits : pour un prêt immobilier de 500 000 euros sur une durée de 20 ans avec une garantie à 100 % en cas de décès de l'assuré ou de perte totale et irréversible d'autonomie, les tarifs auprès d'une compagnie d'assurance représentative sont ainsi très variables.

Pour un assuré de 32 ans non-fumeur, le coût total de l'assurance est de 4 109,04 euros. Si le même assuré est fumeur, ce coût passe à 8 216,68 euros.

Pour un assuré de 42 ans non-fumeur, le coût total est de 9 764,16 euros. Si le même assuré est fumeur, il est de 19 528,80 euros.

Pour un assuré de 52 ans non-fumeur, le coût total est de 21 755,76 euros. Si le même assuré est fumeur, le coût total passe à 43 512,00 euros.

Nous voyons que l'impact de l'âge est considérable, avec un coût de l'assurance multiplié par 5 entre 32 et 52 ans, et à nouveau multiplié par plus de 2 quand l'assuré est fumeur. Le risque de mortalité est très nettement lié à l'âge de l'assuré mais aussi à ses addictions, son hygiène et son mode de vie.

Et les assureurs vont encore plus loin dans leurs analyses, en tenant compte des maladies chroniques, du poids de la personne et de nombreux autres critères. On peut ainsi voir des tarifs allant de 1 à 20 en fonction des cas, et ces écarts pourrait être aggravés si les assurés n'étaient pas protégés par un certain nombre de lois concernant la vie privée des assurés, contrairement au continent nord-américain. Il faut en effet savoir que les assureurs automobiles américains ont accès en temps réel aux bases de données du FBI leur indiquant le comportement potentiellement délictuel de leurs assurés. Cela leur permet ainsi, le cas échéant, de majorer le tarif de l'assuré s'ils jugent que le risque est aggravé par le comportement du conducteur.

En France, bien heureusement, nous n'en sommes pas là… et cela ne risque pas d'arriver à court terme avec la protection des données personnelles opérée par la CNIL notamment ou les règles dites RGPD (règlement pour la protection des données). Les règles spécifiques à l'assurance protègent aussi le consommateur, et vont dans le sens d'un accès à l'assurance plus juste, plus simple et plus transparent pour ce dernier, à l'image par exemple de la réduction du délai pour bénéficier du « droit à l'oubli » en février 2019, à présent de 5 ans pour tous les cancers et l'hépatite C, et maintenant sans distinction de l'âge de la personne. En clair, 5 ans après sa rémission, il n'est plus obligatoire de déclarer que l'on a été touché par ces pathologies pour souscrire un contrat d'assurance emprunteur (pour couvrir un crédit). Attention toutefois : les opérateurs incitent fortement leurs assurés à communiquer des données sensibles pour bénéficier de services additionnels. Les associations de consommateurs et de citoyens doivent rester vigilantes, comme chaque Français au quotidien. On peut par exemple penser à la récupération des données *via* un bracelet connecté ou smartphone, en échange de réductions de la prime d'assurance si l'on a suffisamment fait d'activité physique.

Assurance auto des jeunes conducteurs : le contre-exemple

S'il y a une exception au fait qu'il vaut mieux être jeune, c'est bien concernant le prix de l'assurance automobile, du scooter à la voiture. En effet, les jeunes conducteurs sont considérés comme accidentogènes. On observe de fait une augmentation du nombre d'accidents, de leur intensité et de leurs conséquences financières quand il s'agit de jeunes conducteurs, ou qui ont peu d'expérience de conduite. Ainsi, les tarifs pratiqués par les assureurs de responsabilité civile automobile sont hautement majorés pour les jeunes conducteurs qui ont moins de 3 ans de permis (ou 2 ans en cas de conduite accompagnée) : une fois le disque « A » retiré, c'est aussi une belle réduction de votre prime d'assurance que vous aurez.

Si vous êtes ainsi « jeune conducteur » aux yeux d'un assureur quel que soit l'âge auquel vous passez votre permis de conduire, et donc avec cette surprime associée à ce statut, ce dernier modulera toutefois aussi ses tarifs selon votre âge, avec une tendance à la baisse après 25 ans jusqu'à ce que l'on devienne « senior », où les tarifs remontent alors (ce seuil dépend des compagnies : on peut devenir « senior » pour son assurance auto à 55, 60, 65 voire 70 ans selon les assureurs).

Ces tarifs seraient encore aggravés si on faisait la distinction entre jeunes filles et les jeunes hommes concernant le risque automobile, les garçons ayant nettement plus d'accidents que les filles. Mais, s'agissant d'un facteur de discrimination, c'est interdit par la loi : le prix de l'assurance doit être le même pour les deux sexes. Les comportements à risque sont clairement la cause de cette aggravation du risque chez les plus jeunes conducteurs.

Certains assureurs considèrent même que ce risque du jeune conducteur ne peut être équilibré et que les primes ne peuvent pas couvrir les sinistres… sauf à majorer très fortement les primes ce qui ne serait pas supportable par les assurés jeunes conducteurs ! Ainsi la seule façon pour l'assureur de s'y retrouver consiste à mutualiser son portefeuille de jeunes conducteurs, structurellement déficitaire, avec des conducteurs plus expérimentés et donc moins à risque. La jeunesse n'est donc pas toujours signe de tarif moins cher dans l'assurance.

« Plus on est nombreux, moins c'est cher »

L'assureur est obnubilé par les notions de risque et de mutualisation. Pour la mutualisation, il faut bien entendu de la masse assurable et donc du volume de primes, mais l'assureur regarde également la notion de risque. Pour la couverture des frais médicaux, une entreprise dont l'effectif salarial est composé de 800 jeunes ingénieurs avec une moyenne d'âge de 28 ans est-elle plus risquée qu'une entreprise industrielle composée de 400 salariés avec un âge moyen de 44 ans ? La réponse est non. Ce n'est pas le volume qui fait le tarif... mais bien le profil de risque. Or à 44 ans, on est plus consommateur de consultations médicales et de traitement en tout genre qu'à 28 ans... même si on est 2 fois plus nombreux. Le volume ne fait donc pas le prix, même s'il permet une plus grande mutualisation, et donc plus de visibilité pour l'assureur.

C'est d'ailleurs une particularité française que de couvrir à titre obligatoire tous les salariés d'une branche ou d'une même entreprise avec un tarif identique quels que soient leur âge et leur date d'entrée dans l'entreprise. Qu'on soit un homme de 30 ans ou une femme de 40 ans, on paye le même prix pour sa mutuelle santé fournie par son employeur ! Ce sont les différentes lois dites Évin fin 1989 puis Fillon en 2003 qui ont instauré ces règles de solidarité pour les salariés du secteur privé.

« Les mutuelles appartiennent à leurs assurés. »

L'organisation de l'assurance solidaire de tous les citoyens contre l'ensemble des risques de la vie commune – maladies, accidents, chômages involontaires, vieillesse – apparaît au début du xxe siècle comme la condition nécessaire du développement pacifique de toute société, comme l'objet nécessaire du devoir social.

Léon Bourgeois, homme politique

La caricature est grossière mais prégnante : les assureurs sont des méchants capitalistes privés qui se font de l'argent sur le dos de leurs clients, quand les mutuelles « qui appartiennent à leurs assurés » proposent une assurance solidaire et associative sans but lucratif. Client d'un côté, adhérent ou sociétaire de l'autre...

Pour l'assuré pourtant, il n'y a aucune différence en soi entre une mutuelle, une assurance ou un organisme de prévoyance. La gestion et le niveau de redistribution sont similaires, et l'objectif de tous ces contrats est le même : vous rembourser tout ou partie de vos frais médicaux qui ne sont pas couverts par l'assurance maladie.

Compagnies d'assurance

Les compagnies d'assurance sont des sociétés anonymes, des entreprises privées souvent cotées en bourse, mais parfois encore détenues par des familles comme le groupe Prévoir ou la compagnie d'assurance Albingia. Les grandes compagnies qui opèrent sur le marché français et international sont connues de tous : AXA, Allianz, Generali et bien d'autres. Elles sont régies par le Code des assurances.

Entreprises de capitaux qui ont un souci de rentabilité pour rémunérer leurs actionnaires, elles proposent des tarifs différenciés qui peuvent varier en fonction des risques présentés par une personne, selon son âge, son sexe, son lieu d'habitation, son état de santé. Elles restent toutefois des assureurs au sens plein du terme : elles couvrent leurs clients contre des risques en percevant des primes sans commune mesure avec le montant maximum possible du sinistre. La prime d'assurance d'un appartement parisien se situe autour de 1 200 euros annuels quand la valeur moyenne du bien dépasse fréquemment 800 000 euros. En cas d'incendie ou de destruction de l'appartement, ce qui heureusement n'arrive que rarement, il faudrait plus de 500 années de primes pour couvrir la valeur du sinistre pris en charge par l'assurance !

Mutuelles

Le fonctionnement des mutuelles est fondé sur le principe mutualiste : les assurés ou adhérents « sociétaires » (« qui est membre d'une société ou association ») ont chacun leur voix lors de l'assemblée générale. On les appelle souvent les « mutuelles 45 » (en référence à l'ordonnance du 19 octobre 1945 du Code de la mutualité qui les a rendues possibles).

Financées majoritairement grâce aux cotisations de leurs membres, les mutuelles ne rétribuent aucun actionnaire : si elles font du bénéfice, elles doivent reverser les sommes à leurs sociétaires, ou constituer une réserve d'argent. Elles prônent souvent des valeurs de solidarité, en n'imposant aucun critère de sélection par exemple. Restent qu'elles n'appartiennent pas à leurs sociétaires : on n'achète pas une part de la mutuelle en souscrivant un contrat auprès d'elle.

Historiquement placées sur le marché de la santé et attachées à des corporations ou des branches professionnelles (enseignants, professions médicales, policiers, pompiers), les mutuelles s'essayent depuis plusieurs années à d'autres types de produits d'assurance, notamment en matière de prévoyance (assurance décès ou incapacité, assurance dépendance...). Parmi les mutuelles les plus connues : MGEN, la Mutuelle Générale ou encore APREVA.

Il y a pour autant mutuelle... et mutuelle. Maaf, Macif, MMA ou encore Groupama : ces sociétés d'assurance mutuelles, ou « mutuelles d'assurance », ne sont pas réellement de « vraies » mutuelles : elles ne sont pas régies par le Code de la mutualité mais par le Code des assurances (comme les sociétés d'assurance), même si elles n'ont pas de but lucratif.

Institutions de prévoyance

Sociétés à conseil d'administration, les institutions de prévoyance sont dites « paritaires » : elles sont administrées à parité par des représentants des organisations patronales (MEDEF, CGPME) et les syndicats de salariés (CFDT, FO, CGT...) et sont fondées par accord entre les partenaires sociaux des branches professionnelles.

Si elles n'ont pas d'actionnaires à rémunérer et restent donc à but non lucratif, elles demeurent soumises au même souci de rentabilité que les assureurs : cela leur donne souvent un avantage concurrentiel non négligeable, notamment dans la couverture des risques de santé et de prévoyance pour des branches professionnelles dont elles émanent : si certaines proposent parfois des contrats individuels, ceux-ci ne représentent qu'une part très minoritaire de leur activité, à l'inverse des mutuelles et des sociétés d'assurance.

Réassureurs : l'assurance des assureurs

La réassurance pourrait se résumer simplement comme « l'assurance des assureurs ». Une société spécialisée (le réassureur ou le cessionnaire) prend en charge une partie des risques qu'un assureur couvre en contrepartie d'une partie de la cotisation d'assurance versée par ses assurés.

Parmi les réassureurs, qui sont une centaine dans le monde, on peut citer l'exemple particulier de Lloyd's. Le Lloyd's of London est en effet le premier marché de l'assurance britannique créé en 1688, dans lequel des assureurs se réunissent pour assurer des risques conjointement. Autre particularité : à la différence de la plupart de ses concurrents, Lloyd's n'était pas et n'est pas une société commerciale mais une bourse qui fut établie légalement en 1871. À l'heure actuelle, Lloyd's est le 5ᵉ réassureur mondial.

Pour repérer facilement un réassureur, une astuce : si vous avez le suffixe « Re » dans le nom, c'est un réassureur. Munich Re, Swiss Re, Hannover Re, China Re, Canada Life Re, Korean Re… tous figurent dans le top 10 mondial !

« Agents, courtiers, mutuelles, bancassureurs… tous les mêmes ! »

Depuis déjà quelques années, le « pré carré » historique de ces assureurs traditionnels est investi par les mutuelles dommages et par les bancassureurs, soit des établissements bancaires dotés d'une filiale d'assurances.

Laurence Boccara, *Le Monde* 18 juin 2022

Le secteur de l'assurance représente environ 150 000 salariés, auxquels il faut ajouter environ 100 000 professionnels indépendants de l'assurance, qu'ils soient courtiers ou agents.

Comme tout secteur d'activité, la branche a développé plusieurs réseaux de distribution et de développement commercial : ce sont ceux qui vous vendent des contrats d'assurance, que ce soit en agence, par téléphone ou à distance. En plus des types traditionnels, plusieurs nouveaux canaux et acteurs spécifiques se sont récemment développés.

Commerciaux salariés

Les producteurs salariés représentent le réseau le plus dense : ils constituent d'ailleurs près de 36 % des emplois salariés de la branche. Commerciaux salariés de compagnies d'assurance, de bancassureurs ou de mutuelles qui distribuent les offres de leur compagnie d'origine, ils proposent des produits packagés pour le tout-venant comme des offres conçues sur mesure pour les grandes entreprises.

Traditionnellement, ce sont vers ces réseaux que les particuliers, les artisans / gérants de TPE ou les PME se tournent, là où les grands comptes font de plus en plus appel à l'expertise des courtiers. Ce modèle de distribution est très prisé par les mutuelles ou les institutions de prévoyance, comme par exemple Harmonie Mutuelle, AG2R ou le groupe Vyv.

Agents généraux

Les agents d'assurance sont un des réseaux les plus visibles et les plus denses : on voit leurs agences partout, des petits villages aux grandes villes, avec le logo d'une compagnie d'assurance bien visible en devanture, accolé à leur nom. Ils sont 12 000 en France, et comptent plus de 25 000 collaborateurs.

S'ils sont indépendants au sens juridique (ce sont des entreprises détenues par des indépendants, qui n'ont aucun lien capitalistique avec l'assureur qu'ils représentent), ils sont toutefois des représentants exclusifs de cette compagnie d'assurance : ils ne peuvent pas proposer d'offres concurrentes à leurs clients.

Courtiers en assurance

Statut particulier dans l'assurance, les courtiers sont par nature indépendants, et sont en capacité de proposer à leurs clients des contrats d'assurance couverts par plusieurs compagnies. Soumis à un devoir de conseil auprès de leurs clients, ils peuvent ainsi proposer des offres standards comme des contrats sur mesure, bâtis par leurs partenaires et fournisseurs assureurs.

S'ils n'ont pas la puissance marketing et commerciale de la compagnie derrière eux, leur force et leur intérêt résident bel et bien dans leur indépendance et leur capacité de conseiller objectivement leurs clients. Avec environ 24 000 courtiers en France actuellement, ils sont parmi les acteurs qui connaissent une croissance régulière et constante de leurs effectifs depuis plusieurs années, autour de 2%. Parmi les courtiers « millionnaires » en France, on peut citer Gras Savoye, Willis Towers Watson, Siaci-Saint-Honoré, Verspieren, Aon…

Courtiers grossistes

S'ils n'ont pas de statut particulier, leur position dans le marché de l'assurance l'est : ils sont des intermédiaires entre les assureurs qui portent le risque et les intermédiaires traditionnels en assurance cités précédemment. Les courtiers grossistes sont des maxi distributeurs qui conçoivent leurs produits d'assurance avec une ou plusieurs compagnies partenaires, et qui distribuent leurs produits au travers de réseaux de courtiers de proximité. Ils agissent en lieu et place des compagnies sur certains segments de marchés, avec une délégation de souscription ou de gestion : vous allez par exemple souscrire directement auprès d'eux, mais aussi gérer votre contrat auprès d'eux… et ce sont aussi eux qui, parfois, vont même directement vous indemniser, à la place de l'assureur. Cela peut être en gestion d'assurance vie, en santé individuelle ou collective (contrat d'entreprise), en assurance auto, etc.

On en compte une quarantaine en France qui permettent à des compagnies d'assurance de bénéficier de leurs grands réseaux de courtiers apporteurs d'affaires. Les plus connues s'appellent April, Solly Azar ou encore SPVIE Assurances.

Comparateurs

Fruit des années 2000, les comparateurs d'assurances se sont développés dans tous les pays d'Europe et notamment en Grande-Bretagne, où près de la moitié des contrats d'assurance auto sont désormais vendus par leur intermédiaire. En France, les sites les plus connus s'appellent les Furets, le Lynx ou Assurland.

Plateforme de récupération de demandes clients (des « *leads* ») en permettant à l'internaute d'obtenir des prix (parfois sujets à modulation ultérieure en fonction du profil spécifique de l'assuré), un comparateur vend à un ou plusieurs acteurs de l'assurance la demande d'un internaute venu chercher un tarif sur internet, qui se voit ensuite contacté par 1, 3, 5 commerciaux qui essayent de le transformer en client. À ce titre, si le démarchage téléphonique et la vente à distance restent fortement décriés, la grande majorité des ventes réalisées à distance le sont par téléphone après une demande déposée sur un comparateur internet : les commerciaux ne font que répondre à une demande qui leur est envoyée par le comparateur qui leur vend ce contact.

Néo-assureurs

Derniers acteurs de la distribution très récents mais qui explosent les montants de levée de fonds ces dernières années, les « néo-assureurs » ou courtiers digitaux sont des professionnels de l'assurance – courtiers ou compagnies d'assurance – qui proposent leurs offres packagées sur internet ou application mobile avec des interfaces simples et conviviales, et souvent à grand renfort de publicité. En France, ils s'appellent Alan, Luko, Acheel, Assurly…

Avec une communication souvent aux antipodes des assureurs traditionnels, un accent mis sur des tarifs très attractifs et une expérience client renouvelée, l'avenir leur appartient… à condition de surveiller leurs résultats et leur rentabilité financière. S'ils battent des records de valorisation et d'investissement, il faut toutefois beaucoup de temps et d'argent pour s'installer durablement et être viable financièrement.

« Le jargon des assureurs est volontairement incompréhensible. »

En soi, ce n'est pas si difficile : ce ne sont que des petites choses très simples que chacun de vous peut comprendre. Ce qui fait la complexité du problème, c'est le grand nombre de choses élémentaires qu'il faut appréhender !

Didier Hallépée, polytechnicien, docteur ès mathématiques et informatique

L'assurance est à l'image de ce qu'elle assure

Le grand public a tendance à penser que les professionnels de l'assurance essayent de complexifier les choses pour laisser volontairement dans le flou les clients. S'il peut y avoir une petite tendance à jargonner comme dans tous les secteurs professionnels, il faut avoir à l'esprit que les assureurs évoluent eux-mêmes dans un monde très règlementé avec un vocabulaire complexe et parfois très indigeste.

Les activités d'assurance sont spécifiquement règlementées par plusieurs codes spécifiques, du Code des assurances au Code de la mutualité, en passant par le Code de la Sécurité sociale. Touchant aussi à des problématiques financières, l'activité est légalement soumise au Code monétaire et financier… en plus du Code civil, etc. Le contrat d'assurance est aussi, comme tout document cadré juridiquement, soumis à une obligation d'être univoque et précis dans ses conditions de garantie, mais aussi les exclusions et les conditions d'exécution du contrat.

Mais l'assurance intervient surtout dans un contexte juridique plus large, au cœur même de la société civile, de la vie quotidienne des échanges commerciaux, de la prévoyance ou de la retraite : à chaque risque assurable son assurance dédiée, et donc ses problématiques spécifiques. Ainsi, chaque thème ou risque que couvrira le contrat d'assurance lui conférera ses spécificités, donc aussi son jargon spécifique. Dans un contrat d'assurance couvrant un professionnel du bâtiment pour ses chantiers, on retrouvera des termes et notions spécifiques à ces risques et aux éventuelles réglementations en la matière, là où un contrat d'assurance santé piochera largement dans les procédures, définitions et jargons de la Sécurité sociale et des professionnels de santé.

L'assurance est ainsi contrainte, par son intégration profonde aux activités humaines et aux risques qu'elle entend couvrir, d'ajouter à sa complexité intrinsèque toute la complexité du ou des domaine(s) qu'elle couvre dans un contrat. C'est dans cette optique que bien des contrats d'assurance commencent par une série de définitions, permettant ainsi de bien identifier chaque notion importante du contrat, et venant restituer, clarifier ou amender une notion préexistante, importée d'un code, d'une réglementation ou d'un jargon spécifiques à l'activité ou au risque assuré.

L'exemple des contrats d'assurance santé

Les contrats d'assurance santé complémentaires sont un exemple frappant de l'intrication des jargons et dispositifs spécifiques à la Sécurité sociale : ces contrats viennent en effet compléter des prestations sociales ou prendre en charge des prestations non-remboursées en dehors d'un contrat spécifique complémentaire ou surcomplémentaire.

Du ticket modérateur à la base de remboursement de la Sécurité sociale (BRSS), des taux d'AIPP (taux d'atteinte permanente à l'intégrité physique et/ou psychique) aux médecins OPTAM (option pratique tarifaire maîtrisée) ou non-OPTAM… les sigles et les conventions en matière d'assurance santé sont nombreux. Le jargon de la santé est tout aussi fourni : secteur, médecins non-conventionnés, reste à charge, ayant droit, contrat collectif, contrat responsable et solidaire, tiers payant… l'immense majorité des éléments et concepts difficilement compréhensibles en matière d'assurance santé provient ainsi directement de la Sécurité sociale, de ses procédures et de ses nomenclatures.

Ainsi, est-il parfois très difficile de comprendre les longs tableaux de garanties que l'on retrouve dans les assurances complémentaires santé, d'autant que les montants sont souvent exprimés en pourcentage de la base de remboursement (qui peut évoluer) pour chaque type de prestation médicale ou poste de prise en charge. Il faudra alors souvent faire une gymnastique particulière pour calculer, le cas échéant, le montant réel de la prise en charge. Il en va de même pour comparer les offres d'assurance entre elles. Pour autant, la difficulté n'est ici, nous le voyons, pas tant du fait des assureurs que de la complexité de ce que l'assurance vient ici garantir.

La complexité monte alors d'un niveau supplémentaire lorsque la législation impose à l'employeur de fournir un contrat collectif d'assurance santé de régime obligatoire pour ses salariés. On retrouve alors plusieurs niveaux de remboursement, de la Sécurité sociale à la complémentaire santé (ou mutuelle) collective ou individuelle… jusqu'aux contrats surcomplémentaires individuels.

Des clauses contractuelles volontairement floues ?

On pourrait le croire à première vue, mais les assureurs n'ont aucun intérêt à ne pas être clairs et compris par les assurés quand ils souscrivent un contrat. En premier lieu, la législation considère que dans un contrat d'assurance, si une formulation peut être comprise différemment, l'interprétation se fera d'après la commune intention des parties plutôt qu'en s'arrêtant au sens littéral de ses termes, et donc selon le sens que lui donnerait une personne raisonnable placée dans la même situation plutôt que celui d'un juriste rompu aux subtilités du droit et de ses formulations. Dans le doute, le contrat de gré à gré s'interprète contre le créancier et en faveur du débiteur, et le contrat d'adhésion contre celui qui l'a proposé. L'assureur doit donc être le plus précis possible dans les conditions du contrat qu'il va proposer de souscrire à ses assurés, afin de se prémunir d'éventuels litiges ou sinistres à devoir prendre en charge du fait d'une formulation trop peu précise ou, au contraire, bien trop précise ou subtile juridiquement.

Par ailleurs, les documents contractuels en assurance sont réglementés et normalisés : code couleur récurrent pour repérer plus facilement les exclusions et les garanties dans le contrat, mise en gras des éléments importants du contrat, informations spécifiques pour l'assuré telles que les conditions de renonciation ou de résiliation du contrat : si les contrats d'assurance sont longs, c'est qu'ils doivent légalement mentionner un grand nombre d'informations.

Déterminé à mesurer le risque et en évaluer les conséquences dès la création du contrat, l'assureur aura à cœur d'expliciter dans quelles conditions le sinistre peut être pris en charge, du fait générateur aux exclusions de garantie et aux montants d'indemnisation prévus. S'il y a une chose qui ne peut donc pas être reprochée aux assureurs, c'est bien de vouloir rendre flous leurs contrats et prestations d'assurance !

Ce serait aussi oublier que le travail des services de gestion des sinistres des compagnies d'assurance n'est pas de chercher à refuser une indemnisation, mais d'enregistrer, instruire et prendre en charge un sinistre selon une procédure de recueil d'informations, de pièces et de vérifications de celles-ci souvent réglementée.

En assurance auto, un accident de la circulation avec un véhicule à moteur lancera une procédure entre assureurs appelée convention IDA / IRSA (convention d'indemnisation directe de l'assuré / convention recours entre sociétés d'assurance) avec un constat amiable d'accident, là où un problème médical nécessitera l'envoi des documents relatifs aux prestations ou frais à prendre en charge selon les règles prévues par la Sécurité sociale, voire le Code du travail, et conformément à l'indispensable protection des données personnelles, *a fortiori* médicales.

Ainsi, si les contrats d'assurance souffrent parfois d'un écart entre ce que les assurés pensent souscrire et la réalité des prestations lorsqu'un sinistre survient, il provient peut-être d'une trop grande complexité des contrats en raison justement de leur trop grande précision, de leur renvoi systématique à d'autres codes ou notions spécifiques… mais aussi d'un manque de référentiel lisible et d'information claire pour le grand public.

Un nécessaire effort de clarté

Depuis plusieurs années, la profession elle-même comme le régulateur ont fait preuve d'initiatives pour encadrer et améliorer l'information et le consentement éclairé des personnes qui souscrivent un contrat d'assurance. En plus des notices d'information, en 2018 est devenue obligatoire la fourniture du Document d'information sur le produit d'assurance (IPID), un support d'information standardisé visant à faciliter la lecture et la compréhension d'un produit d'assurance avec des éléments importants du contrat selon un code couleur et des symboles précis : ce qui est garanti, ce qui ne l'est pas, ce qui est exclu, les obligations de l'assuré, comment résilier…

Dans le même temps, à la faveur de la démocratisation d'internet et de la souscription des contrats d'assurance en ligne, les assureurs ont aussi pris le parti d'expliquer de plus en plus en profondeur les principes qui régissent l'assurance en général sur leur site internet, mais aussi dans leurs notices et supports d'information à destination des assurés. Et si les contrats d'assurance ne pourront jamais se comparer comme des paquets de céréales, l'arrivée des services de comparateurs en assurances ont de fait amorcé une démarche de simplification de l'information.

Enfin, un acteur important dans la clarté et la compréhension de l'information apportée aux assurés reste le commercial qui présente et vend les produits d'assurance, que l'on oublie trop souvent dans la chaîne. C'est pourtant lui qui souvent, va récupérer les informations nécessaires à l'analyse du besoin d'assurance du prospect, renseigner et répondre à ses questions et lui faire souscrire le contrat.

Cet intermédiaire d'assurance (courtier, agent général et salarié de compagnie d'assurance) a des obligations spécifiques pour améliorer la compréhension des produits proposés, et la clarté des garanties. Ce devoir d'information et de conseil, qui trouve son origine dans l'inégalité de compétences entre le professionnel (l'assureur) et le client (l'assuré), signifie qu'il doit expliquer à ses prospects les modalités du droit, afin de leur donner tous les éléments de nature à leur permettre de retenir une garantie d'assurance appropriée.

Dans les faits, le professionnel devra ainsi vous remettre avant souscription une fiche d'information sur les prix et les garanties, un exemplaire du projet de contrat et de ses pièces annexes ou une notice d'information sur le contrat qui décrit précisément les garanties assorties des exclusions, ainsi que les obligations de l'assuré. Les informations à fournir par les intermédiaires d'assurance sont précisées par le droit.

Les obligations du professionnel impliquent aussi le devoir de conseil, l'appréciation critique de l'intermédiaire d'assurance afin d'orienter le choix du client au mieux de ses intérêts. Situation professionnelle ou financière de l'assuré, connaissance et expérience de celui-ci en matière financière ou de prévoyance ou de retraite, ou bien analyse des besoins de l'assuré et plus généralement de sa situation… C'est à l'intermédiaire de veiller à l'adaptation des garanties aux risques présentés par l'assuré !

« Les assureurs sont au-dessus des lois. »

Assureur : ange gardien avec des cornes.

Christophe Alévêque, humoriste

Les Codes de l'assurance… et les autres !

L'activité d'assurance est bien encadrée, et les assureurs évoluent parmi les activités les plus règlementées en France ! De la formation initiale et l'enregistrement des professionnels aux conditions de distribution des produits, des règles de solvabilité et de gestion des sinistres aux procédures légales et aux nécessités de contrôle à tous les postes de la chaîne de valeur de l'industrie… l'assurance ne manque pas de réglementations et de règles à respecter.

Le Code des assurances comprend l'ensemble des lois et des règlements qui régissent les sociétés d'assurance et les relations entre assureurs et assurés. En 1930, une première loi vient encadrer les assurances des véhicules terrestres à moteur, mais c'est en 1976 que le Code des assurances fait son apparition, par décret. Ce code a pour but de définir les règles communes applicables à tous les assurés : il régit les conditions générales acceptées par les clients d'une compagnie d'assurance, et définit les délais de préavis, la durée des contrats, les conditions de résiliation, l'indemnisation…

Le Code de la mutualité est un recueil des textes juridiques qui détermine le statut, la composition et le fonctionnement des organismes mutualistes, qu'on appelle souvent les « mutuelles 45 ». Si la charte de la mutualité a été créée en 1898, c'est en effet en 1945 que deux ordonnances viennent redéfinir l'activité des mutuelles. Là encore, le Code de la mutualité a pour objectif de déterminer les règles communes applicables non pas aux assurés, mais à leurs « adhérents » ou « sociétaires ». Il reste un parallèle au Code des assurances pour les structures qui y sont rattachées.

En matière d'assurance santé, le Code de la Sécurité sociale est aussi partie prenante. Intervenant en complément ou à la suite d'une première prise en charge par la Sécurité sociale, toutes les assurances qui touchent de près ou de loin la prise en charge de prestations médicales ou de santé, ou de remboursement de médicaments, sont directement impactées par les réglementations spécifiques générales de notre système d'assurance santé.

Enfin, l'assurance étant implantée au cœur des activités du quotidien de toutes et tous, particulier comme entreprise, le contexte réglementaire de l'assurance est aussi directement lié au Code civil, au Code de la consommation, au Code de procédure pénale… mais aussi au Code monétaire et financier. Agissant pour couvrir un risque dans un secteur particulier, l'assureur devra adapter ses offres au contexte de ses assurés et de leurs obligations légales : ainsi, chaque code ou réglementation va influer sur les offres d'assurances de son champ d'application.

Une profession et une activité règlementées

Tout le monde ne peut pas devenir intermédiaire en assurance : comme médecin, avocat, architecte ou expert-comptable, l'exercice de cette activité est conditionné à des critères de formation préalable (formation minimale de 150 heures) et/ou d'expérience professionnelle mais aussi d'enregistrement à l'ORIAS (Organisme pour le registre unique des intermédiaires en assurance, banque et finance) listant tous les professionnels autorisés à exercer. Les assureurs sont également tenus de respecter de nombreuses obligations dans l'exercice de leur métier… jusqu'à devoir eux aussi s'assurer pour leur garantie financière et leur responsabilité civile professionnelle.

Dès la conception d'un produit d'assurance, les professionnels ont l'obligation de respecter des règles précises qui vont bien au-delà d'un simple respect juridique ou d'un formalisme donné. Connu sous le nom de POG (Product Oversight and Governance) par les initiés, un dispositif de surveillance et de gouvernance tout au long de la vie d'un produit d'assurance, à mettre en place en interne par l'assureur, est ainsi prévu afin de mettre le client au cœur des préoccupations et le protéger davantage des risques qui pèsent sur lui lorsqu'il souscrit un produit d'assurance.

Depuis octobre 2018, la Directive de Distribution en Assurance exige aussi que tout produit fasse l'objet d'une longue procédure de validation, lors de sa conception ou lorsqu'il fait l'objet de modifications significatives. De l'identification du marché cible à l'évaluation de tous les risques pertinents jusqu'à l'élaboration d'une stratégie de distribution, cette directive précise les dispositifs et mesures à respecter tout au long de la vie du contrat pour garantir qu'il est toujours aligné avec l'intérêt de l'assuré qui va y souscrire.

Lors de la souscription d'un contrat, nous l'avons vu précédemment, le contenu de ce dernier et les documents et informations que le professionnel doit fournir au prospect pour l'informer et le conseiller pour un consentement éclairé sont fixés par la réglementation.

Alors, assureur voleur ? En tout cas, ce n'est pas le cas des professionnels de l'assurance en France : ils doivent pour exercer fournir régulièrement une attestation d'honorabilité ainsi qu'un extrait de casier judiciaire (bulletin n°3), pour eux et leurs salariés.

Les règles d'indemnisation

Qu'il s'agisse de la vie du contrat en général, des modalités de résiliation aux délais et procédures de remboursement des sinistres, les assureurs respectent ici aussi une réglementation stricte, et des procédures précises. Ainsi, dans l'immense majorité des cas, les délais de remboursement sont-ils encadrés par la loi.

En assurance santé, le délai de remboursement par sa mutuelle peut varier en fonction de la nature des soins et de la prise en charge de la Sécurité sociale. Lorsque l'on engage une dépense de santé, il faut compter entre 3 et 15 jours pour obtenir un remboursement de la mutuelle.

Pour une assurance habitation, les délais de remboursement sont compris entre 30 et 60 jours, en fonction des sinistres : les dégâts des eaux, incendies domestiques ou bris de glaces seront indemnisés dans les 30 jours après votre déclaration complète, tout comme en cas de vol où le délai légal est aussi de 30 jours.

Les délais de remboursement de l'assurance auto sont, eux aussi, encadrés par la loi : la compagnie d'assurance doit proposer une offre d'indemnisation dans un délai de 3 mois à compter de la déclaration de sinistre, et effectuer le règlement du montant dû dans un délai d'1 mois après acceptation par l'assuré de l'offre d'indemnisation. En cas de dommages corporels toutefois, les délais peuvent aller jusqu'à 8 mois. En cas de vol ou de dégradation du véhicule, ce délai est en revanche réduit à 1 mois.

En cas de catastrophe naturelle telle que la grande inondation de Vaison-la-Romaine en 1992 ou les tempêtes Lothar en décembre 1999 ou Xynthia en 2010, mais aussi technologique comme les explosions de nitrate d'ammonium à l'usine AZF à Toulouse en 2001, le délai de remboursement est de 3 mois… mais la date de prise en compte ne dépend pas de l'assuré… ou de l'assureur, mais du gouvernement et de la date de publication de l'état de catastrophe naturelle ou technologique au Journal officiel.

Enfin, concernant les garanties des accidents de la vie entraînant une invalidité ou la mort, l'assureur doit proposer une offre d'indemnisation au plus tard dans les 5 mois qui suivent la date à laquelle il a eu connaissance de l'accident ou du décès de l'assuré. Lorsqu'il ne peut pas proposer une offre définitive, comme c'est par exemple le cas si l'état de l'assuré n'est pas consolidé, il doit présenter une offre dite provisionnelle. Après accord de la victime, il aura 1 mois pour régler les sommes convenues.

Si évidemment certaines compagnies peuvent mettre en avant des délais de remboursement plus rapides ou des facilités de procédure pour certains types de risques où cela est possible, il s'agit aussi bien souvent d'une action commerciale spécifique visant à conquérir de nouveaux assurés.

Médiation, réclamation et recours légaux

On peut parfois se sentir démuni face à une décision de l'assureur que l'on conteste (refus de prise en charge, montant d'indemnisation que l'on considère trop peu élevé), ou face à notre mécontentement pour un retard de traitement ou d'indemnisation. Pourtant, là encore, le secteur de l'assurance est très réglementé et les législations prévoient des modes et délais de recours et de réclamation spécifiques.

Ainsi, en cas d'expertise dont vous contestez le résultat ou le chiffrage, vous conservez la possibilité de requérir une contre-expertise, pour tout type de contrat (auto, habitation, santé, emprunteur, etc.).

L'assureur a d'ailleurs une obligation d'informer ses assurés sur cette possibilité et le coût moyen de celle-ci.

Ainsi, si vous contestez une expertise, vous pouvez choisir un expert dont vous devrez payer le travail, sauf si votre contrat contient une garantie « honoraires d'expert ». Ce dernier effectuera alors sa contre-expertise, théoriquement en présence de l'expert de votre assureur. Si ces derniers tombent d'accord, il faudra s'en tenir là et aux résultats de l'expertise. S'ils ne sont en revanche pas d'accord, il faudra faire appel à un troisième expert, choisi conjointement par votre assureur et vous (voire par un juge), avec partage des frais.

Plus généralement, hors du contexte spécifique de l'expertise, si vous êtes mécontent ou en désaccord avec la pratique de votre assureur, le premier réflexe reste de privilégier la recherche d'une solution amiable : elle peut vous permettre de résoudre rapidement votre litige… et sans aucun frais de justice. Pour cela, commencez par contacter votre interlocuteur habituel pour lui faire part de votre grief.

Il pourra le plus souvent vous répondre, vous aider à trouver une solution, ou le cas échéant vous diriger vers le service de réclamation concerné par votre demande : cela peut être celui de la compagnie d'assurance si cela concerne la prise en charge ou les garanties, ou celui de l'intermédiaire qui vous a vendu le contrat si cela concerne une mise en cause de son devoir d'information et de conseil. Le recours auprès du service réclamation déclenche alors automatiquement une procédure spécifique, que chaque professionnel de l'assurance doit respecter : le service réclamation, que vous pouvez contacter *via* les dispositifs en ligne du professionnel concerné ou par lettre recommandée avec accusé de réception, devra vous notifier sous 10 jours de la bonne réception de votre réclamation. Il aura alors 2 mois pour vous apporter une réponse écrite. Dans certains cas, la complexité de votre réclamation ou de votre dossier pourra demander un délai de traitement supérieur : le service réclamation devra alors vous en informer et vous préciser sous quel délai il pourra vous répondre. Par exemple, les mutuelles santé sont souvent amenées à traiter des situations avec de multiples rapports d'expertise médicale à la suite d'un accident corporel, où le délai de 2 mois est souvent dépassé.

Si la réponse ou la solution apportée par le service de réclamation ne vous convient pas, ou si le service réclamation ne vous a pas répondu dans les délais impartis, vous pourrez saisir le médiateur de l'assurance à condition de n'avoir pas engagé de procédures judiciaires et d'avoir fait un recours sans succès ou réponse auprès du service réclamation concerné.

Indépendant des assureurs, impartial et transparent, le médiateur pourra analyser le dossier en profondeur – c'est un professionnel de l'assurance et du droit des assurances – et aider à trouver une résolution amiable de votre litige. La durée de la médiation est, en principe, de 90 jours à compter de la notification de recevabilité adressée au consommateur par le médiateur. Dans certains cas là encore, le délai peut être allongé si la situation est complexe, et le médiateur devra alors vous en informer.

Si l'avis rendu par le médiateur n'est pas en votre faveur ou s'il est refusé par l'organisme d'assurance, vous conservez toujours la possibilité de saisir le tribunal compétent.

La vente d'assurance par téléphone, une arnaque ?

Souscrire un contrat d'assurance, c'est simple comme un coup de fil ! Pour autant, la prospection téléphonique a mauvaise réputation : elle souffre encore de pratiques pas toujours vertueuses de certains vendeurs et d'un manque de transparence des méthodes de vente.

La prospection téléphonique est une pratique détestée des Français, qui la trouvent « insupportable » et souvent « trop agressive » dans ses méthodes de vente. Elle est pourtant plébiscitée par les professionnels : la vente à distance reste un moyen efficace de répondre aux questions des prospects tout comme pour finaliser une vente. L'assurance n'y déroge pas, et de très nombreux contrats d'assurance restent conclus à distance... et notamment par téléphone.

En matière d'assurance, le législateur a renforcé de manière régulière depuis 5 ans les règles qui encadrent ce mode de commercialisation en mettant à jour la Directive de Distribution en Assurance dont les dernières mises en application datent d'avril et de juillet 2021. Respect de la liste noire Bloctel (qui permet à tout consommateur de refuser les appels de prospection téléphonique), obligation de se présenter clairement et d'obtenir le consentement de la personne pour continuer une démarche de commercialisation, envoi préalable de tous les documents d'information et contractuels avant toute signature, interdiction de la souscription par simple code SMS... les obligations pour les professionnels de la vente d'assurance à distance sont nombreuses.

Depuis le printemps 2022, le législateur est venu renforcer davantage les ventes à distance et encadrer plus encore le démarchage téléphonique. Chaque professionnel a, depuis avril 2022, l'obligation d'identifier et de justifier l'origine du *lead* (appel sollicité ou non sollicité : le *lead* sera « chaud » ou « froid ») et d'adapter les règles de vente en conséquence. Ainsi, dans le cas d'un appel non sollicité, les professionnels ont l'obligation de laisser courir un délai de 24 heures minimum entre la première communication et la signature effective du contrat. Et, dans tous les cas, chaque appel doit être enregistré par le professionnel pour permettre une écoute et un contrôle ultérieurs.

Autre obligation, mise en place en avril 2022, pour tous les intermédiaires en assurance, et notamment les courtiers : chaque courtier inscrit à l'ORIAS (le registre des professionnels autorisés à exercer) devra justifier de son adhésion à l'une des associations professionnelles d'autorégulation de la profession. Ainsi, a été délivré un agrément à sept associations : CNCEF Assurance, La Compagnie IAS, Votrasso, ANACOFI Courtage, Association française des intermédiaires en bancassurance (AFIB), Chambre nationale des conseils en gestion de patrimoine (CNCGP) et Endya.

Pour adhérer à l'association professionnelle de son choix, le courtier devra fournir à l'association, lors de l'adhésion et du renouvellement de celle-ci, une liste nominative du personnel concerné précisant le poste occupé, le niveau de capacité requis pour le poste, ainsi que la liste détaillée de ses activités, l'organisation de son activité de distribution d'assurance, ses effectifs, les produits distribués, la répartition de la clientèle entre particuliers et professionnels, ainsi que ses fournisseurs de produits d'assurance.

Bras armé du régulateur du secteur de l'assurance l'ACPR (Autorité de contrôle prudentiel et de résolution), ces associations professionnelles d'autorégulation ont été instituées pour permettre à la profession de s'améliorer tant sur la formation des collaborateurs que sur la rigueur de gestion qu'induit une profession règlementée, dans un environnement réglementaire complexe, surtout lorsque survient la digitalisation des actes.

D'une mission de simple recueil et contrôle des informations déclaratives fournies par leurs adhérents, le rôle attribué à ces associations d'autorégulation pourra certainement évoluer dans le futur et constituer peut-être un jour, à l'image de certains ordres professionnels, un véritable auxiliaire de l'ACPR avec des prérogatives de contrôle plus prégnantes – voire de sanction – des professionnels indélicats.

L'ACPR : le gendarme de l'assurance

L'Autorité de contrôle prudentiel et de résolution (ACPR) est une institution intégrée à la Banque de France, chargée de la surveillance de l'activité des banques et des assurances. Souvent appelée « le gendarme de l'assurance », l'autorité a effectivement dans ses prérogatives de contrôler les pratiques et le respect des réglementations par tous les professionnels de l'assurance, de la compagnie d'assurance qui porte le risque aux intermédiaires qui en commercialisent les produits.

L'ACPR, après son contrôle, a aussi des pouvoirs de sanction si elle juge que les pratiques constatées nécessitent le passage devant la commission de sanctions : plus qu'un gendarme, l'autorité est aussi juge. Et les sanctions encourues par les personnes assujetties au contrôle de l'ACPR sont nombreuses et peuvent être très lourdes en cas de violations graves. De la simple mise en demeure à l'avertissement ou au blâme, les sanctions peuvent devenir plus coercitives : amende lourde (jusqu'à 100 millions d'euros ou 10 % du chiffre d'affaires annuel net de l'entité), interdiction d'effectuer certaines opérations pendant 10 ans, suspension temporaire ou démission d'office de dirigeants... voire retrait partiel ou total d'agrément ou d'autorisation d'exercer ou radiation de la liste des personnes agréées.

Une centaine de sanctions ont été prononcées par l'ACPR en 10 ans, dont 37% ont concerné des professionnels de l'assurance. La majorité des sanctions prononcées par l'ACPR sont des blâmes (70%). Avec le nouveau rôle des associations professionnelles d'autorégulation du courtage en assurance depuis avril 2022, l'ACPR se voit dotée d'un nouvel allié dans sa mission de contrôle et de régulation du secteur.

« L'assurance est trop complexe pour être sur internet »

À mesure que les organismes complémentaires en concurrence expérimentent de nouvelles offres, de nouveaux services, il se crée de la connaissance sur les besoins des consommateurs. Certaines expérimentations se soldent par des échecs, tandis que d'autres se répandent et quittent progressivement le stade expérimental pour entrer dans les mœurs. Les organismes complémentaires jouent donc un rôle d'éclaireur.

Nicolas Bouzou et Guillaume Moukala SamE, économistes

Les limites de l'assurance 100% en ligne

L'assurance est complexe par nature, en raison de la multiplicité des risques et des situations. C'est la raison pour laquelle les compagnies se dotent d'une direction technique dont le travail est de modéliser le risque et ses évolutions. Par exemple, la couverture habitation dans le Sud de la France a fortement évolué, notamment à cause du réchauffement climatique et de l'intensité des inondations de ces dernières années.

De plus, n'oublions pas que dans une prime d'assurance multirisque habitation, on couvre les dommages que peut subir la maison assurée, les dommages causés à des tiers (chute d'une tuile sur un habitant), mais également le vol ou la détérioration du bien. Les techniciens de l'assurance doivent ainsi adapter leur politique tarifaire en fonction de l'évolution des risques et des sinistres constatés, en tenant compte de la variation de fréquence des sinistres et de leur intensité. Tant de complexité dans les sinistres possibles et les produits d'assurance proposés en font des sujets difficiles à porter sur internet : chaque produit de chaque compagnie d'assurance va demander des formulaires différents, et chaque type de risque assuré aura son formulaire de déclaration spécifique.

Enfin, si l'assurance reste très en retard par rapport à ses confrères de la banque, qui a depuis longtemps accompagné l'essor d'internet et de ses nouveaux modes de paiement et de consommation avec des espaces web et des applications smartphones toujours plus avancées et pratiques, la digitalisation des services à destination des assurés commence à porter ses premiers fruits.

Partant de ce constat, est-il possible de rendre simple l'accès à l'assurance, ainsi que son utilisation par l'assuré final, comme nous l'avons connu avec la banque ? Certains le pensent et l'ont (dé)montré, à l'image de nouveaux acteurs digitaux sur le marché américain comme Lemonade ou Oscar, mais également Leocare ou Alan sur le marché français. Ces acteurs nativement digitaux ont travaillé sur le parcours client et sur les deux temps forts de la relation entre la compagnie et l'assuré : la souscription d'un contrat d'une part, et le règlement du sinistre ou de la prestation d'autre part.

Leur travail a principalement consisté à simplifier les parcours client avec des écrans internet adaptés, un discours simple et direct, une information et des assistants accessibles tout au long des parcours. Ces acteurs ont également travaillé sur la déclaration des sinistres et la rapidité de traitement et de remboursement. Des applications mobiles ont vu le jour pour une gestion simplifiée et une déclaration des sinistres plus fluide : photo du choc sur la voiture envoyée directement par application mobile ou photo de la fuite d'eau dans la maison pour la déclaration du sinistre à l'assureur... Tout a été pensé pour simplifier la vie des assurés et s'intégrer à leur quotidien.

L'expérience client de la gestion d'un sinistre est toujours difficile, et les acteurs digitaux ont indéniablement apporté de la rapidité et de la qualité dans leur relation avec les assurés. Ces acteurs ont également travaillé à l'utilisation de l'intelligence artificielle et les chatbots avec du « *machine learning* », notamment dans les réponses et l'assistance à leur client dans la gestion des actes courants.

Pour autant, ces acteurs 2.0 ont-ils révolutionné ou disrupté l'assurance ? Pas si sûr. En effet, s'ils ont donné un vrai coup de jeune à l'assurance et son image et se sont adaptés aux besoins et modes de consommation modernes en utilisant des technologies adaptées pour rendre le service plus fluide, plus rapide… le cycle économique est resté le même dans la machinerie back-office, et la manière dont les produits restent pensés et les risques modélisés. Encaissement d'une prime certaine face à un potentiel sinistre dont la fréquence et l'intensité sont incertaines. Modélisation d'un risque à partir de tables d'expérience basées sur les faits passés…

La révolution viendra sans doute de la capacité des assureurs à anticiper et à modéliser des faits non encore intervenus, à partir d'hypothèses d'évolution de nos environnements et de la technologie en matière de traitement des données en très haut volume, le fameux « big data ».

Par ailleurs, on a vu ces acteurs digitaux aborder le marché avec un regard neuf sans se soucier des contraintes qui y sont attachées… et se faire rattraper par la réalité. D'une offre standard, ils sont souvent passés à des offres adaptées en fonction de la taille des entreprises, de leurs conventions collectives et de leurs comptes techniques (qui permettent de calculer la rentabilité d'un produit d'assurance). D'un tarif unique, ils sont souvent passés à des tarifs en fonction des marchés, et d'une souscription *full digital* à une souscription assistée par des commerciaux.

Derrière le site internet, l'application smartphone, l'IA et les chatbots, ces acteurs dits « pure players » car entièrement en ligne ont repris les bonnes vieilles méthodes des assureurs traditionnels… et tout simplement car elles ont fait leur preuve. De plus, n'oublions pas que les assureurs, qu'ils soient digitaux ou historiques, doivent respecter les équilibres techniques et financiers : le dumping tarifaire et les prix bas annoncés ont leurs limites.

À noter aussi que les acteurs historiques ne sont pas restés les bras ballants face à ces innovations. On a vu ainsi assureurs et mutuelles se doter de sites de souscription robustes, et d'applications de déclaration de sinistres performantes. Certains d'ailleurs seront probablement candidats au rachat de certaines startups pour gagner du temps sur ces nouveaux marchés. Ce qui est sûr, c'est que les primo-accédants à l'assurance ont un « réflexe internet » pour comparer et trouver les meilleures offres. Les acteurs historiques comme les acteurs digitaux se doivent d'apporter des réponses pérennes à ces demandes : l'avenir de l'assurance sera sur internet et les réseaux.

Est-ce toujours moins cher sur Internet ?

Nous avons pris l'habitude de le faire pour tous nos achats du quotidien : de l'imprimante jet d'encre pour la maison à un hébergement chez l'habitant pour les vacances, de la nouvelle voiture jusqu'à la banque, une grande majorité des Français a pris le réflexe de comparer sur internet les produits et services qu'ils souhaitent acheter, et de chercher le prix le moins cher. Pourquoi cela ne s'appliquerait-il pas à l'assurance ?

Nous avons tous l'impression que nous pouvons trouver tous les produits d'assurance disponibles sur internet, car après tout internet ne permet-il pas d'obtenir un panel exhaustif de toute l'offre disponible, quel que soit le bien ou le service que l'on cherche ? Nous pensons donc instinctivement que la meilleure offre d'assurance au meilleur prix nous attend aussi, à portée de quelques clics, sélectionnée et organisée par des comparateurs en ligne.

Derrière la promesse et l'illusion du choix, une réalité commerciale : les comparateurs n'agrègent qu'une portion limitée des offres d'assurance existantes. Ces dernières sont mises à disposition par les assureurs en fonction de leur positionnement marché (produits d'appel et offres marketées spécifiquement), mais aussi et surtout en fonction des accords conclus entre chaque plateforme et chaque assureur / courtier grossiste pour mettre à disposition les offres. Pour être référencé sur un comparateur, il faut que le fournisseur lui ait préalablement fourni l'accès à ses bases de données et tarificateurs.

L'autre enjeu reste la capacité pour le comparateur de donner les informations pertinentes de sélection et de choix des offres : les assurances ne se comparent pas comme des paquets de céréales, et les informations et données à afficher et traiter pour pouvoir comparer des offres et les garanties dont on a besoin sont autrement plus nombreuses. Pourtant, après quelques informations renseignées pour « mieux trouver l'assurance qui vous correspond » (et surtout qualifier votre profil), c'est bien une liste, plus ou moins étoffée, de logos, de noms d'offres et de tarifs, qui s'affiche. Le prix reste là encore le critère clef de décision que la plateforme met en avant, et limite ainsi les offres à celles proposées en fonction de leur positionnement tarifaire, et non de la réelle adéquation des garanties aux besoins de l'internaute. Il faudra lire attentivement par soi-même les petites lignes du contrat et du tableau de garanties pour faire un vrai choix éclairé.

Ne nous méprenons pas : pour celles et ceux dont le besoin est le plus commun, et *a fortiori* pour des produits d'assurance dits « simples », facilement comparables (auto, habitation) et très concurrentiels, les comparateurs sont une solution rapide et efficace. Mais il ne faut pour autant pas croire que l'on trouvera forcément sur internet la meilleure offre au meilleur prix, ou tout simplement toutes les offres disponibles. Sur internet comme ailleurs, il faut vérifier, comme pour un prêt bancaire, qu'il n'existe pas une solution compétitive auprès de son interlocuteur habituel… ou *via* un courtier qui pourra, grâce à sa connaissance du marché et son expertise mais surtout son indépendance dans la sélection de ses partenaires, conseiller et négocier un tarif adapté à chaque situation.

Si c'est gratuit, c'est vous le produit !

On l'entend à présent régulièrement quand il s'agit d'expliquer la manne financière représentée par les milliers de données que nous laissons derrière nous et que les gros acteurs, les « GAMAM » (Google, Apple, Meta, Amazon, Microsoft) récoltent et font fructifier. Oui, si c'est gratuit, c'est bien vous le produit, mais bien au-delà des simples données exploitées pour vous cibler et ainsi vendre des encarts publicitaires.

Comme lorsque vous cherchez un pisciniste, un plombier ou un artisan pour un projet de travaux, que vous cherchez à obtenir le meilleur prêt immobilier ou la meilleure assurance santé, nombreux auront le réflexe d'aller sur un site internet dédié, dont le métier est d'être l'intermédiaire entre vous et le fournisseur de biens ou de services : c'est souvent une solution facile pour faire son choix. Du comparateur en ligne au site de recherche d'artisans ou de professionnels, leur *business model* ne repose pas sur la publicité. Essentiellement, ces derniers vont se rémunérer en se faisant l'intermédiaire entre vous et le professionnel.

Les comparateurs ou agrégateurs auront souvent un modèle basé sur l'intermédiation : comme un lien d'affiliation sur internet, le site internet affiche plusieurs offres d'assurance avec ses caractéristiques, et surtout un lien pour réaliser une souscription en ligne, directement *via* leur interface (comme Booking.com ou Expedia.fr pour un vol ou une réservation d'hôtel) ou en vous renvoyant vers le site de l'assureur que vous aurez choisi. Si vous souscrivez directement auprès de ce site intermédiaire, ce dernier prendra une commission directement sur le montant que vous aurez payé. Et s'il vous renvoie seulement vers le site internet de l'assureur que vous aurez choisi, le comparateur ou agrégateur sera alors rémunéré par le professionnel auprès de qui il vous aura renvoyé, et souvent avec des modes de rémunération qui peuvent prendre en compte le fait que vous ayez effectivement souscrit ou non.

L'autre modèle de l'intermédiation, très connu notamment pour trouver un artisan tel qu'un plombier, un serrurier ou un chauffagiste, reste le système de demande de devis, presque aussi vieux que l'internet. En remplissant un formulaire plus ou moins détaillé sur vous et votre demande (plus c'est détaillé, plus le « prospect » – vous – est « qualifié », donc précieux), le site internet vous promet de recevoir une ou plusieurs propositions de professionnels. Ce formulaire est appelé un « *lead* », et c'est un modèle qui reste très exploité en assurance. Selon les cas, ce *lead* sera vendu en exclusivité à un seul professionnel, ou plusieurs fois, avec chaque fois des tarifs adaptés en fonction de la qualité de ce *lead*.

Alors, quelle valeur avons-nous quand nous envoyons nos informations en remplissant un formulaire de demande de devis ? En assurance santé, votre demande si vous êtes salarié ou actif sera vendue environ 7 euros si elle l'est plusieurs fois, ou 15 euros si elle l'est en exclusivité. Pour une personne retraitée, il faudra compter entre 10 et 25 euros. Enfin, si vous êtes un travailleur non salarié (artisan, profession libérale, etc.), vous pourrez valoir entre 15 et 30 euros !

« L'assurance est restée bloquée au siècle précédent. »

Le calcul des probabilités, appliqué à la mortalité humaine a donné naissance à une science nouvelle : celle des assurances.

Émile de Girardin, journaliste et homme politique

L'assurance à la demande : une solution d'avenir ?

C'est sans doute une évolution majeure de l'assurance des dernières années : la possibilité de s'assurer à volonté quand on en éprouve le besoin. C'est ce qu'on appelle l'assurance à la carte. Car c'est sans doute un paradoxe : nous sommes assurés en permanence pour beaucoup de choses et parfois sans le savoir… mais lorsque l'on a besoin de se couvrir contre un risque, l'accès à l'assurance n'est pas toujours simple.

C'est lorsque l'on va partir en voyage ou que l'on prépare un séjour touristique ou sportif que l'on se pose souvent la question (et bien souvent au moment de payer et que l'on nous propose une assurance spécifique) de sa couverture en cas d'accident et que l'on doit être rapatrié, ou si ses bagages sont remboursés en cas de perte ou de vol durant le voyage en avion. Notre carte de crédit, avec son assurance intégrée, garantit-elle cela ? Dois-je prendre cette assurance temporaire que me propose mon agence de voyage ou la caissière au moment d'acheter mon forfait de ski ?

Il ne s'agit pas là de risques complexes : le rapatriement ou le vol d'un objet sont des matières assurables et parfaitement connues des assureurs. La complexité réside pour l'assureur dans la vitesse de la réponse à apporter au besoin du client. Cette réponse peut être fournie par les outils digitaux qui permettent de souscrire un contrat d'assurance en quelques clics depuis son téléphone portable… mais aussi de vérifier si l'on n'est pas déjà couvert pour ce risque.

L'autre écueil réside dans ce que l'on nomme l'anti-sélection. Il s'agit de la couverture de risque que l'on souscrit quand on pense que celui-ci va survenir. Le risque n'est pas certain, mais il perd de sa notion d'aléatoire pour se rapprocher du risque sûr. Cela pousse l'assureur à monter ses tarifs pour se prémunir.

Pour autant, les assureurs ne sont pas les seuls à freiner le développement de l'assurance à la carte : les Français eux-mêmes sont réticents ! Là où par exemple en Grande Bretagne ou aux États-Unis, l'assurance automobile au kilomètre ou en fonction de la conduite (*via* un boîtier connecté à la voiture qui enregistre et transmet les données techniques du véhicule, comme une « boîte noire ») est un vrai succès, nous sommes plus réticents à partager nos données avec un assureur, au-delà même de la réglementation en matière de protection des données personnelles. Dans le registre médical, le modèle américain permet ainsi aux assurances de contrôler leurs assurés régulièrement, voire transmettre automatiquement leurs données dans certains cas.

Ainsi, si les solutions au kilomètre ont convaincu une fraction de Français qui n'avaient qu'un usage très limité de leur véhicule (véhicule de collection, ou sur leur lieu de villégiature et utilisé quelques semaines par an seulement), les solutions plus intégrées et demandeuses d'informations restent marginales… et en majorité refusées par les assurés. L'exception française a du bon !

L'assurance paramétrique

Connaissez-vous l'assurance paramétrique ? Appelée aussi assurance indicielle, elle représente une véritable évolution du paradigme de la pratique assurantielle. Si classiquement, c'est la survenance d'un risque qui déclenche la garantie (un vol, un bris de glace, un accident), c'est ici la réalisation d'un paramètre (ou indice) prédéterminé qui va activer la garantie. Par exemple, vous allez être remboursé automatiquement en cas de retard de votre vol, sans aucune action de votre part. Plusieurs acteurs se sont lancés dans cette voie, notamment Moonshot, AXA (avec Fizzy, une offre toutefois stoppée fin 2019) ou encore les Irlandais de Blink Parametric. Wakam est également un pionnier en la matière et a notamment conçu un produit paramétrique pour l'assurtech Koala.

L'assurance paramétrique trouve tout son sens dès que l'exploitation d'un très grand nombre de données devient possible. Et pour certaines activités, notamment celles sensibles à la météo comme l'agriculture ou les énergies renouvelables, la pertinence du modèle devient évidente. Sécheresse dans le Sud de la France ou période de gel qui grève la production de viticulteurs français, tous les agriculteurs sont concernés. Que cela touche le transport, le tourisme, la production d'énergie, les potentialités de l'assurance paramétrique qui viendrait indemniser automatiquement ont déjà été comprises par un très grand nombre d'acteurs du marché.

L'assurance embarquée

Souvent, vous trouverez auprès de votre commerçant, qu'il soit physique, en ligne ou au téléphone, des assurances spécifiques adaptées au produit ou au service que vous achetez. Elles sont pratiques à souscrire et proposées à l'instant où l'on se pose la question de la pertinence de souscrire une assurance.

L'assurance embarquée ou assurance affinitaire est une assurance accessoire à un produit ou à un service principal : l'assurance des moyens de paiements attachée à votre carte de crédit, l'extension de garantie en cas de casse, la couverture de la panne mécanique pour votre voiture au-delà de la garantie constructeur, l'assurance en cas de vol de votre téléphone portable ou de votre vélo à assistance électrique…

Ces assurances sont souvent décriées à tort. Le grief principal que l'on porte à ces contrats réside dans l'accès à l'information sur la nature de la couverture, à savoir ce qui est réellement couvert et ce qui ne l'est pas : entre garantie légale de conformité que tout revendeur doit à son client en cas de vice caché ou de matériel défectueux par exemple, extension de garantie commerciale et garanties contre la casse et le vol, le flou pour le consommateur persiste souvent. C'est ainsi que les associations de consommateurs ont parfois haussé la voix contre des souscriptions de contrats d'assurance dont le consommateur n'avait même pas conscience. Il n'en reste pas moins que le remboursement d'un téléphone en cas de vol n'est pas anodin et peut se chiffrer en centaines d'euros !

Au-delà du remboursement : les services et prestations annexes.

Pour beaucoup, on n'a de contact avec son assureur que lorsque l'on souscrit… et une fois par an, au moment du renouvellement du contrat et l'envoi de l'échéancier. On peut être également amené à le contacter lorsqu'il faut déclarer un sinistre ou un changement de domicile ou de coordonnées bancaires, mais cela reste rare. Ainsi, chaque contact avec son assureur peut rapidement être synonyme de mauvaise nouvelle : facture à payer, sinistre à déclarer, grosse tuile à réparer…

Pourtant, depuis longtemps déjà, les assureurs ont déployé un large panel de prestations annexes et adaptées aux besoins de leurs assurés pour leur simplifier la vie. De l'assistance à domicile au dépannage en cas de panne de véhicule ou d'un problème de plomberie jusqu'à l'intervention en urgence d'un serrurier, contacté et payé par votre assureur, sur un simple coup de fil, la palette de services proposés est large et pratique.

Dans la même lignée, de nombreux organismes complémentaires et mutuelles ont adhéré à des réseaux de soins : Itelis, Santéclair, Carte Blanche... Ces associations de professionnels de santé permettent de favoriser l'accès aux soins et aux services de santé à leurs adhérents, et sont agréées par plusieurs assureurs pour proposer des avantages tarifaires, comme notamment un « reste à charge zéro » : l'assuré n'a alors rien à débourser. On en trouve notamment pour l'optique, le dentaire et l'audioprothèse.

En plus de cet accès à un réseau de praticiens de santé proches et accessibles, ces réseaux de soins proposent souvent des prestations supplémentaires très appréciées : deuxième avis médical gratuit, téléconsultation, coaching bien-être, nutrition ou sommeil ou encore réductions chez d'autres partenaires (salle de sport, médecines douces…), les avantages sont nombreux et souvent intégrés à votre offre d'assurance santé.

Par ailleurs, tous les contrats de protection juridique (souvent accolés à un contrat de responsabilité civile, ou avec votre assurance de carte de crédit) comportent l'accès à un service de consultation juridique par téléphone, pour répondre à toutes les questions d'ordre légal que vous pourriez vous poser.

D'autres types de services et de prestations sont de plus en plus proposés par les assureurs : par exemple, nombreuses sont les mutuelles qui proposent une assistance psychologique pour leurs assurés, qu'elle soit liée à un traumatisme (accident, cambriolage) ou simplement dans le cadre d'une politique d'amélioration de la santé mentale des assurés.

On peut enfin citer des initiatives pour la santé et le bien-être des salariés, à l'image de BOS (Back Office Santé), une offre de santé globale avec des solutions curatives et préventives qui ont fait leurs preuves. Pour le confort, le bien-être au travail et la santé générale (physique et psychique) des collaborateurs d'abord, mais aussi pour les employeurs : absentéisme et arrêts maladie en baisse par exemple... et un meilleur tarif par son assureur santé collective en bonus, en évitant les majorations chaque année.

« L'assurance ne couvre pas les nouveaux besoins d'aujourd'hui. »

Contrairement à l'assurance maladie obligatoire, les complémentaires opèrent sur un marché où le consommateur (individu ou employeur) choisit auprès de quel organisme il souhaite s'assurer. Les complémentaires sont donc incitées à innover afin d'attirer de nouveaux consommateurs et fidéliser leurs clients.

Nicolas Bouzou et Guillaume Moukala Same, économistes

Les nouveaux animaux de compagnie

La mutuelle pour nos animaux domestiques préférés : chiens, chats mais également les NAC (nouveaux animaux de compagnie comme les furets ou les tortues...) ou encore les chevaux, est une couverture de risque qui prend de l'ampleur en France. Notons cependant que seuls 6 à 7% des animaux de compagnie sont couverts en France, sur un total estimé de 70 millions de bêtes. Les mutuelles chiens-chats couvrent les frais de santé avec un système classique de franchise, de plafond et de pourcentage de remboursement sur la base des frais engagés. Avec des formules de garanties allant de la prise en charge du gros risque (hospitalisation et maladie chronique), jusqu'à la prise en charge des soins courants et des actes de prévention, les cotisations oscillent entre 20 et 45 euros par mois.

Cela représente un budget non négligeable, cependant les propriétaires ont souvent expérimenté des interventions chirurgicales pour leurs animaux dont la facture peut d'élever à plus de 1 000 euros ! Dans ces conditions et alors que les maladies de vieillesse de nos animaux dont la vie s'allonge sont nombreuses, la mutuelle devient vite rentable.

Si l'on compare avec le marché anglais, toujours en avance sur le reste de l'Europe, plus de 60% des animaux domestiques sont assurés ! Cela laisse augurer un futur marché de grande envergure en France, avec des garanties et prestations toujours plus ouvertes et spécifiques pour chaque besoin et chaque type d'animal. Il existe aussi par exemple des offres pour assurer la garde, temporaire ou définitive, de votre animal de compagnie durant une hospitalisation, ou un placement en établissement spécialisé.

Trottinettes et nouveaux véhicules motorisés

De nouveaux Engins de Déplacement Personnel Motorisés (EDPM) ont commencé à circuler dans nos rues dès 2013, avec une nette accélération depuis 6 ans jusqu'à représenter 908 000 trottinettes vendues en 2021, soit une hausse de 42 % par rapport à l'année précédente selon le baromètre annuel de la Fédération des professionnels de la micro-mobilité.

Les assureurs n'ont toutefois pas attendu le décret du 23 octobre 2019 les autorisant sur voie publique et encadrant leurs règles de circulation (et d'obligation d'assurance) pour proposer des assurances couvrant la responsabilité civile en tant que conducteur d'un véhicule terrestre à moteur, au même titre qu'un scooter, une moto ou une voiture.

Si un « flou » pouvait auparavant rester sur l'utilisation sur voie publique de ces engins, et notamment où et à quelle vitesse ils devaient circuler, à défaut d'inscription et de définition au Code de la route, le Code des assurances prévoit déjà l'obligation d'assurance automobile « au tiers », en vertu de la loi Badinter de 1985, avec une attestation d'assurance et sa traditionnelle vignette verte, pour ces véhicules terrestres dotés d'un moteur et pouvant dépasser 6 km/h.

Les assureurs, leur syndicat professionnel la Fédération française de l'assurance (depuis renommée France Assureurs) et même la ministre Élisabeth Borne ont, dès 2018, rappelé par écrit cette obligation d'assurance pour les EDPM, et ce avant la loi d'orientation sur les mobilités dont le décret d'application a été publié fin 2019.

Si des contrats pouvant assurer à la marge ce type d'engins existaient déjà depuis 2009, c'est en 2018 que plusieurs courtiers d'assurance en France, du néo-assureur en assurance habitation Luko jusqu'aux courtiers spécialisés EDPM tels que Wizzas, ont conçu et développé avec des assureurs des contrats sur-mesure permettant d'assurer pleinement et légalement ces nouveaux véhicules. Ils ont aussi été les premiers mettre en place des modèles de souscription adaptés aux besoins de leurs clients : s'agissant d'une assurance obligatoire, Wizzas a par exemple été le premier à déployer une solution d'assurance permettant de choisir et de souscrire son assurance entièrement en ligne, la signer électroniquement, payer sa première mensualité, puis recevoir automatiquement sa carte verte temporaire (valable 30 jours), comme on peut l'expérimenter en concession automobile en achetant sa voiture, son scooter ou sa moto. En effet, il n'est pas possible de repartir en conduisant son nouveau véhicule à moteur sans assurance, et les trottinettes électriques n'y font pas exception !

Il est vrai que certains assureurs traditionnels ont mis du temps à proposer des offres spécifiques, qui prennent en compte l'ensemble des obligations et niveaux de garanties destinées aux véhicules terrestres à moteur (les confondant parfois avec les « vélos à assistance électrique » dont la responsabilité civile est, elle, intégrée automatiquement dans son contrat multirisque habitation). Mais ces derniers ont commencé à déployer dès le début de l'année 2020 des offres adaptées, en proposant des garanties complémentaires contre le vol, les dommages accidentels ou les blessures corporelles du conducteur, tout comme cela est habituellement proposé dans le cadre des contrats auto-moto, ou par les courtiers précurseurs.

Le projet de digitalisation des cartes vertes (et ainsi la fin du papillon vert à afficher sur son pare-brise), qui concerne tous les véhicules terrestres à moteur dont les EDPM, sera en revanche plus difficile à mener pour les assureurs. En effet, si tous les véhicules habituels sont bien référencés au fichier des véhicules assurés (qui permet aux forces de l'ordre de vérifier en temps réel le statut d'assurance d'un véhicule sur la base de son immatriculation), trottinettes électriques et autres gyroroues sont exemptées de plaque.

L'assurance cyber et e-réputation

Le premier gros incident cyber mondial date de 1988... et loin d'être une attaque informatique malveillante, ce fut le résultat d'un programme codé par un jeune étudiant de 23 ans aux États-Unis, Robert Morris, diplômé d'Harvard et continuant alors ses études à l'Université Cornell. En créant un programme permettant de connaître le nombre d'ordinateurs connectés à internet, il propagea alors, par erreur, un ver informatique qui a saturé la mémoire vive de 5 % de l'ensemble des ordinateurs connectés à internet à l'époque !

Les premiers contrats d'assurance cyber apparurent par la suite, aux États-Unis au début des années 2000 d'abord, puis une dizaine d'années après en France. L'ancêtre de l'assurance cyber risque est l'assurance « risques informatiques », qui existe déjà depuis les années 1980, mais qui est essentiellement tournée vers les attentats par usage de virus et de « bombes logiques ».

Ce marché est essentiellement destiné au monde des entreprises, où le risque cyber est important et peut porter atteinte à leurs systèmes électroniques / informatiques ou à leurs données, à la suite d'un acte malveillant, d'une erreur humaine, d'une panne, de problèmes techniques ou d'un événement naturel ou accidentel. Ces risques peuvent être des dommages corporels ou matériels (par exemple, le ver informatique américano-israélien Stuxnet, découvert seulement en 2010, avait détruit physiquement des éléments vitaux des installations nucléaires iraniennes) et/ou immatériels (frais ou pertes financières à la suite d'un arrêt de production), subis par l'entité et/ou causés par l'entité à des tiers, une mobilisation de ressources internes ou externes, une atteinte à la réputation de l'entité, des pertes de données, de diffusion / vente de données personnelles, ou encore d'extorsion / rançon en chiffrant des données de l'entreprise.

Entre 2019 et 2020, le coût des cyberattaques pour les assureurs d'entreprises présents sur le marché français a été multiplié par trois pour atteindre 217 millions d'euros selon une étude de l'Association pour le management des risques et des assurances de l'entreprise, largement reprise et validée par la profession. Si environ 87 % des grandes entreprises ont une assurance cyber, ce n'est pas le cas des entreprises de taille intermédiaire. Selon cette même étude, celles-ci n'ont pas de « problème d'offre » et peuvent obtenir des taux de primes « très attractifs ». En revanche, elles sont seulement 8 % à avoir souscrit un contrat d'assurance cyber.

Alors que le risque est, depuis plus de 5 ans, dans le top 3 des risques les plus importants et préoccupants dans tous les classements des assureurs, des professionnels de la gestion du risque et des entreprises, cela reste donc un vrai risque sous-adressé en France.

Côté marché des particuliers, l'assurance cyber existe aussi depuis une dizaine d'années, essentiellement centrée sur la protection de la réputation sur internet des adultes… et de leurs enfants. C'est Swiss Life qui, dès 2011, lance l'une des premières offres d'assurance en France pour les particuliers avec des services financiers, juridiques et techniques pour se protéger en cas d'atteinte à sa réputation sur internet. Ils sont moins de 10 acteurs à se partager le marché en France, pour des offres à partir de 7 euros par mois.

NFT, blockchain & cryptomonnaies

Si les banques ont longtemps été réfractaires aux cryptomonnaies décentralisées et hors du contrôle des États, les assureurs, eux, ont vite identifié que, comme d'autres portefeuilles de valeurs et d'actifs, il s'agissait d'un vrai risque à assurer au même titre que les autres assurances contre la fraude financière ou les attaques informatiques.

Bitcoin, Ether, Litecoin ou encore Dogecoin (une cryptomonnaie lancée comme une plaisanterie en 2013 qui fit l'objet d'une folie spéculative… au point d'entrer dans le top 10 mondial et d'être promue par Elon Musk), ces cryptomonnaies utilisent toutes une technologie spécifique, la blockchain ou « chaîne de blocs » qui, selon la définition du portail pédagogique de référence Blockchain France, est « une technologie de stockage et de transmission d'informations, transparente, sécurisée et fonctionnant sans organe central de contrôle. Par extension, une blockchain constitue une base de données qui contient l'historique de tous les échanges effectués entre ses utilisateurs depuis sa création. »

Les assureurs ont vite compris l'intérêt de cette technologie, notamment avec les « smart contracts » qui sont des contrats intelligents, matérialisés par des protocoles informatiques qui contrôlent et effectuent la négociation ou l'exécution d'un contrat, ou rendent une clause contractuelle nulle de manière très sécurisée. Par exemple, les smart contracts permettent de supprimer une clause de non-concurrence une fois le délai fixé au contrat dépassé, ou de modifier la couverture tous risques d'un véhicule trop vieux pour que la garantie reste profitable pour l'assuré, etc., et tout cela grâce à la blockchain.

Spécifiquement, les avantages sont nombreux : lutte contre la fraude, dématérialisation et automatisation des tâches, fluidification des échanges d'information, réduction des délais de traitement et d'exécution des contrats, possibilité de proposer des offres entièrement personnalisées, ou encore diminution des coûts de fonctionnement… la blockchain vient révolutionner le paysage informatique des assureurs, qui se préparent tous à ce prochain saut technologique.

Enfin, alors que les métavers s'annoncent comme la prochaine révolution de l'internet avec le projet de Meta (société mère de Facebook) et les nouvelles sensations telles que The Sandbox, le métavers à la mode, c'est le développement des NFT (« *non fongible tokens* » ou « jetons non fongibles » en français) qui a bien été identifié par les assureurs. Ces « *virtual assets* » non interchangeables les uns avec les autres garantissent aux biens virtuels leur caractère authentique et unique. Ce sont en quelque sorte des titres de propriété sécurisés et traçables à l'infini.

Les biens ainsi proposés et vendus sont très divers : du premier tweet posté de l'histoire à des séries d'œuvres numériques telles que celles du Bored Ape Yacht Club (qui a lancé la mode), en passant par les objets et vêtements virtuels à porter sur vos métavers ou jeux préférés, le choix est pléthorique et limité à la seule imagination des applications qu'on lui trouvera.

Reste qu'éditeurs de jeux, marques de luxe et autres grandes entreprises s'y sont préparés et ont parfois déjà lancé leurs collections virtuelles ou leur espace interactif. Évidemment, là encore, les risques de fraude sont nombreux et plusieurs assureurs proposent déjà en France des solutions d'assurance adaptées, en attendant la démocratisation. Quand en 2000 la généralisation de l'internet et son adoption avait mis cinq à six ans, les spécialistes tablent sur une adoption des métavers en seulement deux ans.

AXA, qui avait déjà été un précurseur en s'installant sur le premier métavers Second Life (créé en 2003 et qui continue d'exister), a là aussi été le premier assureur français à investir le métavers The Sandbox en achetant une parcelle pour s'y installer.

« LES ASSUREURS SONT RICHES ET PINGRES »

« Les assureurs sont riches. »

L'assureur a bien un pactole, un tas d'or,
mais celui-ci ne lui appartient pas.

Christophe Bion, courtier en assurances

L'assureur est riche par définition et par obligation

Il faut revenir à la nature même d'un assureur. La compagnie d'assurance est présente pour couvrir un risque que l'assuré ne pourrait pas couvrir lui-même : une maison qui brûle et qu'il faut reconstruire, une voiture détruite lors d'un accident, des dommages causés à une personne physique qui se retrouve à l'hôpital, ou encore pire qui devient handicapée…

Face à ces risques d'intensité qui mettent en jeu des milliers voire des dizaines ou centaines de milliers d'euros, l'assureur assume un risque que l'assuré n'aurait jamais pu financer tout seul. C'est le principe de la mutualisation des risques, on ne le dira jamais assez : on paye une prime d'assurance à fonds perdu en espérant n'avoir jamais à appeler son assureur. C'est d'ailleurs un vrai sujet pour les compagnies qui se plaignent de cette image qui leur colle à la peau : des collecteurs de primes avec qui votre relation se limite au paiement de la quittance. Mais encore heureux, car cela signifie que vous n'avez pas de sinistre !

Les seuls assureurs avec qui vous avez des relations régulières sont les assureurs santé car les remboursements des frais de soins interviennent de manière récurrente tout au long de l'année.

Cela signifie donc que votre assureur, afin d'assumer le paiement d'un sinistre éventuel, doit avoir la capacité financière pour faire face ; il doit ainsi disposer de fonds propres conséquents. Ces fonds propres sont de natures différentes : liquidités, actions, obligations, immobilier.... Plus le risque est à long terme plus l'assureur doit disposer d'investissements stables. Certaines branches d'assurance sont en effet dites longues. Cela veut dire que les sinistres interviennent en moyenne longtemps après la souscription du contrat et le paiement de la prime.

C'est particulièrement vrai dans les branches de responsabilité civile professionnelle et plus encore d'agissant de la responsabilité civile décennale qui couvre l'entreprise de bâtiment en cas de mal façon sur le chantier du client et ce pour une période de 10 ans à compter de la réception du chantier. Dans cette branche d'assurance le pic moyen de sinistres est à 6,6 ans après la livraison du chantier.

Il est donc évident que votre assureur doit être riche et qu'il doit avoir une gestion financière en bon père de famille sans prendre trop de risques en voulant obtenir des rendements mirifiques.

La richesse des assureurs que l'on appelle marge de solvabilité répond d'ailleurs à des obligations réglementaires strictes qui sont scrutées par tous les investisseurs ainsi que par l'ACPR (Autorité de contrôle prudentiel des risques – le gendarme de l'assurance) qui veillent à la solvabilité des compagnies. Car un assureur qui ferait faillite serait un assureur qui ne paierait pas les sinistres – autrement dit les clients ne seraient pas couverts en cas de sinistres.

Le nouveau régime prudentiel appelé Solvabilité 2 a été mis en place en 2016 et s'applique à l'ensemble des compagnies du marché.

Le taux de couverture de la marge de solvabilité

Le taux de couverture de la marge de solvabilité (ou marge de solvabilité sur fonds propres) est égal au rapport entre la marge de solvabilité effective de l'assureur et l'exigence minimale de marge de solvabilité (calculée sur la base de ses engagements et des risques qu'il doit couvrir).

Avant Solvabilité 2, entré en vigueur le 1er Janvier 2016, l'exigence de marge de solvabilité correspondait en assurance vie à un pourcentage des provisions mathématiques (les sommes calculées et mises de côté par l'assureur pour « couvrir » les sinistres : en l'occurrence 4 % des provisions mathématiques des encours sur les fonds en euros et 1 % pour les encours en unités de compte), auquel s'ajoutait un pourcentage des capitaux décès couverts (garantie souvent associée aux contrats d'assurance-vie). En assurance non-vie, l'exigence de marge de solvabilité correspondait à un pourcentage fonction du niveau des primes et du niveau des sinistres.

Depuis Solvabilité 2, les règles de détermination de l'exigence de marge de solvabilité sont plus complexes. Elles s'inspirent de ce qui a été mis en place avec Bâle II dans les banques et visent à quantifier l'ensemble des risques à leur véritable valeur. Des risques qui peuvent être assurantiels, des risques de marché ou encore des risques opérationnels.

À titre d'exemple et afin d'illustrer le propos, voici un chiffre qui illustre la solvabilité bilancielle des assureurs : fin septembre 2021, le ratio de Solvabilité 2 d'AXA était établi à 214 % avec un chiffre d'affaires de 103 milliards d'euros et une capitalisation de 60 milliards d'euros. *A minima*, les assureurs doivent avoir un ratio de 100%, soit une capitalisation égale à leur chiffre d'affaires.

Peut-on souscrire une assurance à l'étranger ?

Les assureurs étrangers peuvent proposer librement leurs contrats d'assurance en France en utilisant la

Libre Prestation de Services (LPS). Ce montage permet à une entreprise possédant une nationalité d'un État membre de l'Espace économique européen (les 27 États membres de l'Union européenne et 3 pays de l'Association européenne de libre-échange) de couvrir un risque présent dans un autre État membre grâce à son « passeport européen ».

De nombreuses compagnies comme ELITE, GABLE ou CB ont fait partie du paysage français des assurances. Elles étaient en majorité immatriculées dans des pays à la législation plus libérale que la France, comme le Danemark, le Liechtenstein, ou Gibraltar. Elles ne sont pas contrôlées par l'ACPR française.

Ces compagnies ont principalement couvert les activités des entreprises du bâtiment notamment les petites sociétés, les entreprises en création et les artisans qui ont été délaissés par les assureurs traditionnels, permettant à ces sociétés étrangères de prendre une place prépondérante sur ce marché. Il est donc possible de s'assurer auprès d'un assureur étranger mais attention à la solvabilité de cet acteur et à ses garanties.

« Les assureurs ne font jamais faillite. »

Phénix : Beau nom pour une compagnie d'assurances contre l'incendie.

Gustave Flaubert, *Dictionnaire des idées reçues*

Avec autant de garanties financières, on pourrait ainsi croire que les assureurs ne font jamais faillite, ne sont jamais mis en liquidation. Et pourtant… comme les banques n'ont pas toutes résisté aux crises financières, et notamment celle des *subprimes*, l'assurance a aussi connu son année noire, en assurance construction, qui a fait tache d'huile depuis 2018. Alpha Insurance, EISL, Elite Insurance, Gable, CBL, Gefion, Qudos Insurance... ils ont été nombreux, parmi les courtiers et assureurs (et souvent en LPS, Libre prestation de services, comme vu précédemment), à laisser leurs assurés sur le carreau, alors même que leurs contrats avec ces compagnies défaillantes étaient en règle et encore en cours de validité.

Avec des tarifs agressifs jusqu'à 30 % inférieurs aux prix classiques, les assureurs en LPS se positionnent en tête des offres les plus abordables. En garantissant des activités à risque délaissées par les acteurs traditionnels, en ciblant des entreprises débutantes sans expérience significative ou certaines professions artisanales, il se sont taillés une part importante du marché en quelques années, jusqu'à atteindre 10 à 12 % du marché aujourd'hui.

Si votre assureur fait faillite, vous ne serez pour autant pas tous et toujours esseulés. S'il s'agit d'une assurance obligatoire telle que la responsabilité civile décennale du professionnel en bâtiment ou votre responsabilité civile envers les tiers pour circuler avec un véhicule terrestre à moteur, il est possible de faire appel au Fonds de garantie des assurances obligatoires (FGAO), sous conditions et selon la date de souscription initiale du contrat. Le Fonds de garantie des victimes du FGAO est financé par la communauté des assurés. Il ne reçoit aucune dotation budgétaire de l'État.

Si la faillite concerne un assureur qui couvre la responsabilité civile médicale par un professionnel de santé tel qu'un médecin par exemple, le Fonds de garantie des dommages consécutifs à des actes de prévention, de diagnostic ou de soins (FAPDS) peut intervenir sous certaines conditions pour indemniser les victimes.

« L'État est son propre assureur. »

Les impôts sont la prime d'assurance que les peuples donnent aux gouvernements pour tous les maux dont ils doivent les préserver, et tout le bien qu'ils peuvent leur faire.

Louis de Bonald, homme politique et philosophe

L'État ne fait plus appel à des compagnies privées depuis plus de 130 ans, préférant faire face à une catastrophe plutôt que de payer des primes chaque année, selon la doctrine que « l'État est son propre assureur ». Ce principe trouve ainsi sa première formulation dans une note du Ministère des finances du 23 septembre 1889 : « L'administration considère que l'État, à raison du grand nombre et de l'importance de ses propriétés, doit être son propre assureur. Le chiffre annuel des primes que le Trésor aurait à payer, en cas d'assurance de tous ses immeubles, serait disproportionné avec la somme des indemnités qu'il pourrait être appelé à toucher. »

Ainsi, l'État s'assure lui-même pour les dommages causés à ses propriétés et immeubles, et ses monuments… dont Notre-Dame de Paris et les 82 autres cathédrales françaises édifiées avant la loi de 1905 qui lui appartiennent aussi. Aucun assureur ne garantissant donc la cathédrale parisienne lors de son incendie en avril 2019, c'est à grand renfort de dons de compagnies privées (en partie défiscalisés) que l'État entend renflouer ses caisses pour la reconstruction.

De même, l'État assure lui-même la responsabilité de ses salariés et agents, tout comme l'ensemble de ses véhicules : vérifiez, vous ne trouverez pas de vignette verte d'assurance sur une voiture de la police nationale ou de la gendarmerie.

De même, pour les risques qui concernent tous les Français, l'État est le garant de leur indemnisation : il assure les catastrophes naturelles par exemple, telles qu'inondations, tremblements de terre, grands incendies, avalanches... Les risques sont réels – et grandissants avec le changement climatique – et comme les assureurs ne peuvent garantir ce risque financièrement, c'est l'État qui le garantit.

En effet, lorsque vous souscrivez à un contrat de dommages matériels (ex : votre assurance auto en tous risques, ou votre multirisque habitation), vous êtes couvert contre les catastrophes naturelles et les catastrophes technologiques, et payez ainsi 12 % de taxes spécifiques (le montant est fixé par l'État). Cette taxe collectée par les assureurs vient abonder un fonds de garantie spécifique. Lorsqu'un arrêté interministériel de catastrophe naturelle est publié au Journal officiel, qui détermine les zones et les périodes où s'est située la catastrophe ainsi que la nature des dommages résultant de celle-ci couverts par la garantie, vous pourrez alors faire une demande d'indemnisation auprès de votre assureur, qui vous indemnisera… et se fera rembourser par le fonds de garantie. Ainsi, l'assureur ne couvre pas directement ces risques.

Pour autant, il arrive encore à l'État de souscrire certains contrats d'assurance pour des biens très particuliers, notamment des œuvres d'art telles que sculptures, livres ou tableaux.

« Il n'y pas de TVA en assurance. »

Dès que le gouvernement se mêle de fournir une assurance pour quelque motif économique que ce soit, on ne peut plus qualifier cela d'assurance

Ron Paul, homme politique américain

Les produits d'assurance ne sont pas assujettis à la Taxe sur la valeur ajoutée car elle ne produit aucune valeur ajoutée : l'assurance fonctionne pour rappel sur un principe indemnitaire. Par conséquent, il n'y a pas de TVA déductible ou à comptabiliser au sens HT et TTC comme pour les autres produits ou services que les entreprises achètent.

Pour autant, toutes les entreprises et particuliers qui souscrivent un contrat d'assurance pourront constater la présence de taxes, fiscales, concernant les catastrophes naturelles ou de contribution au fonds de garantie. Ces taxes varient selon les produits d'assurance, et les taux sont nombreux : 13,27% pour les mutuelles collectives, 10% sur les responsabilités civiles professionnelles, 20% en assurance vie... et jusqu'à 35% pour les assurances de responsabilité civile automobile.

Les assureurs sont ainsi le plus grand secteur collecteur d'impôts... mais sont aussi de gros contributeurs au financement de l'État, au-delà de leurs taxes fiscales et impôts sur les sociétés, comme avec par exemple avec la mise en place de la contribution exceptionnelle pour les organismes de complémentaires santé, dite « taxe Covid » depuis 2020. Fixée à un montant d'environ 1,5 milliards d'euros pour 2021 (calculée selon un pourcentage des primes collectées par chaque organisme), cette contribution annuelle à verser par les complémentaires santé est destinée à récupérer les fonds non déboursés lors des confinements notamment, pendant lesquels les Français ont reporté leurs soins. Elle doit également financer les dépenses supplémentaires de l'Assurance maladie qui prend alors en charge à 100 % certains actes : vidéo-consultations, tests de dépistage...

« Les assurances coûtent de plus en plus cher. »

En assurance santé, si les prévisions de la Fédération nationale indépendante des mutuelles (FNIM) avaient tablé sur une hausse comprise entre +7 % et +10 % des tarifs des complémentaires santé en 2021, cette dernière n'a été qu'en moyenne de +3,4 %. En assurance automobile, la prime moyenne globale pour l'assurance d'un véhicule de première catégorie est en hausse de 1,3 % par rapport à 2019 selon un rapport de France Assureurs. La prime moyenne globale d'un 2 roues, elle, a augmenté de 0,5 % par rapport à 2019. Côté assurance habitation, comme chaque année depuis longtemps, la prime moyenne augmente. Ainsi, en 2021 fut-elle de 2 %.

Alors que l'inflation avait baissé tout au long de l'année 2020, jusqu'à devenir presque inexistante, cette dernière a remonté dès janvier 2021, jusqu'à dépasser les 3 % depuis octobre 2021. Chaque mois, les prix augmentent de plus de 3 % par rapport au mois précédent. Alors oui, les assurances augmentent, mais de manière très mesurée par rapport à l'inflation et au regard du nombre grandissant de sinistres en intensité et en volume, certaines lignes venant sérieusement grever les équilibres budgétaires des assureurs.

« Les fintechs et assurtechs : argent magique et levées de fonds. »

Mieux vaut acheter une entreprise extraordinaire à un prix ordinaire qu'une entreprise ordinaire à un prix extraordinaire.

Warren Buffet, homme d'affaires

Les banques et le secteur financier ont leurs « fintechs », sociétés d'innovation technologique dans le domaine de la finance qui pourraient créer une rupture, voire révolutionner nos modes de consommation de services financiers, l'assurance a pour sa part ses « assurtechs » (ou « insurtech » en anglais). Avec 600 à 700 millions d'euros levés en 2021, les startups françaises dans l'assurance ont plus que triplé leurs nouveaux financements entre 2020 et 2021, et ont levé autant sur les neuf premiers mois de l'année 2021 qu'au cours des trois années précédentes. Cette progression est d'ailleurs plus rapide en France qu'au niveau international (où ces financements ont « seulement » doublé dans la même période), permettant aux jeunes pousses de l'assurance d'être désormais le principal pourvoyeur de financements pour tout l'écosystème fintech hexagonal (29 % de l'ensemble en valeur, selon le bilan annuel 2021 des levées de fonds de France Fintech).

2021 fut donc une année exceptionnelle : 6 levées de fonds dans le secteur de l'assurance s'inscrivent dans le top 10 des plus grosses levées de fonds entre 2018 et 2021, à l'image du néo-assureur santé Alan et du spécialiste de la détection de fraude dans l'assurance Shift Technology, qui prennent les deux premières places de ce top. Parmi les autres levées de fonds françaises, on retrouve aussi Acheel (29 millions), Lovys (17 millions)… Et la tendance ne semble pas faiblir : rien que sur les 2 premiers mois de 2022, ce ne sont pas moins de 7 levées de fonds qui concernent des acteurs français !

Alors, argent magique ? Évidemment non. Les investisseurs ont bien identifié depuis longtemps le caractère central de l'assurance au sein de l'économie, de son développement et de sa stabilité face aux risques que tous, du particulier aux entreprises, nous encourrons. Le secteur de l'assurance est d'ailleurs globalement en constante croissance depuis longtemps. Toutefois, l'accélération technologique et les nouvelles initiatives pour « disrupter l'assurance » sont aussi la raison profonde de cet investissement massif.

Investir dans l'assurance est un pari peu risqué, et dont les possibilités de croissance future sont certes parfois aléatoires, mais en tout cas très prévisibles !

Pour autant, de premiers mouvements et réactions du secteur de l'investissement depuis le printemps 2022 montrent un changement de paradigme : la chute chaotique des valeurs technologiques en bourse a ravivé le spectre de l'éclatement de la bulle internet de 2000, et les investisseurs semblent de nouveau regarder de plus près leur portefeuille : la rentabilité risque de redevenir incontestablement la norme.

« LES ASSURANCES SANTÉ EN FRANCE COÛTENT CHER ET REMBOURSENT MAL »

« Régime de base et régime complémentaire. »

Aujourd'hui, la Sécurité sociale est le socle du remboursement des dépenses de santé là où les complémentaires santé, qui, comme leur nom l'indique, complètent ce que la Sécu ne prend pas ou ne prend plus en charge. Cet équilibre entre les secteurs public et privé, lucratifs et non lucratifs, reste vertueux puisqu'il arrive à conjuguer la libre concurrence entre les acteurs de santé, la responsabilité des engagements financiers et l'innovation en terme de services rendus aux personnes protégées.

Patrick Lelong, journaliste

On dit souvent de la France qu'elle est le pays du « millefeuille administratif », une comparaison que même ceux qui ne sont pas friands de pâtisseries comprennent aisément : notre organisation politique, administrative et sociale empile et superpose, comme nulle part ailleurs dans le monde, les différentes strates d'acteurs et de dispositifs qui agissent pourtant souvent dans les mêmes domaines.

Un exemple emblématique est celui de l'éducation : les écoles primaires sont gérées par les communes, les collèges par les départements, les lycées par les régions… quant aux universités, elles sont autonomes ! Assez souvent pourtant, écoles, collèges et lycées partagent les mêmes murs… Et ce sont les mêmes élèves qui passent de l'une à l'autre structure, différenciés seulement par leur âge et leur classe.

Dans le domaine de la protection sociale, et donc de la santé, il existe également une multiplicité d'acteurs qui donne parfois le tournis aux assurés. Le système de santé français est en effet bâti comme une pyramide à trois niveaux, dont une large base et une forme décroissante jusqu'à sa pointe.

Au bas de la pyramide se trouve la Sécurité sociale qui couvre l'essentiel des risques « maladie » : c'est le régime dit de « base », « général » ou « obligatoire » qui protège toutes les personnes vivant en France, quelle que soit leur situation. La branche maladie est gérée par la Caisse nationale de l'assurance maladie (CNAM) qui se décompose en caisses primaires d'assurance maladie (CPAM), caisses générales de Sécurité sociale (CGSS) dans les départements d'outre-mer, directions régionales du service médical (DRSM), caisses d'assurance retraite et de la santé au travail (CARSAT), ainsi qu'unions de gestion des établissements de caisse d'assurance maladie (UGECAM). La démultiplication au sein de la CNAM de tous ces acteurs a pour but d'être, autant que possible, au plus près des assurés.

Ensuite, au milieu de la pyramide viennent les mutuelles qui agissent en appoint de la Sécurité sociale pour rembourser tout ou partie de ce qu'elle ne prend pas en charge (dépassements d'honoraires par exemple) : c'est le régime dit « complémentaire ». Une écrasante majorité des Français (96 %) disposent d'une telle protection, notamment depuis la généralisation du dispositif de complémentaire santé d'entreprise à partir du 1er janvier 2016 qui oblige toute entreprise à proposer à chacun de ses salariés l'accès à une mutuelle… et à en financer au moins la moitié du coût.

Ces organismes complémentaires qui proposent une assurance aux Français sont privés, c'est-à-dire qu'ils ne sont pas gérés par l'État ou l'une de ses émanations. Un rapport de 2020 de la Direction de la recherche, des études, de l'évaluation et des statistiques (DREES) les décompte : il existe ainsi 439 organismes en 2019 dont 310 mutuelles, 103 sociétés d'assurance et 26 institutions de prévoyance, qui exercent une activité de complémentaire santé. La tendance de fond est à la concentration rapide et massive du nombre de ces acteurs depuis plusieurs années : les mutuelles étaient plus de 1 500 au début du XXIe siècle ! Une division par près de 5 en 20 ans qui contribue à une meilleure lisibilité du système.

Enfin, les assurés peuvent, s'ils le souhaitent, souscrire un contrat dit surcomplémentaire, c'est le troisième et dernier étage de notre pyramide qui vient compléter les remboursements des régimes généraux et complémentaires en prenant en charge une part de ce qui n'a pas été encore remboursé. Cette surcomplémentaire n'a rien d'obligatoire et est aussi proposée et gérée par des organismes complémentaires. Elle permet ainsi d'accéder à un troisième niveau de remboursement sur ce qui est le moins bien couvert par les régimes généraux et complémentaires (souvent l'optique, le dentaire par exemple…). Elle peut être souscrite auprès du même organisme d'assurance que le contrat complémentaire ou auprès d'un organisme différent. Près de 2,4 millions de personnes en France ont souscrit un contrat « surcomplémentaire », toujours selon selon le même rapport 2020 de la DREES. Les salariés les plus modestes, les plus jeunes et les personnes en bonne santé souscrivent logiquement moins que les autres (personnes plus aisées et plus âgées en particulier) ces contrats de renfort.

Les deux derniers degrés de cette pyramide de santé sont donc gérés par des organismes privés, quand seul le premier relève de l'État. Est-ce que cela signifie que la Sécurité sociale, générale et « publique », rembourse peu ou qu'on assiste à une « privatisation rampante » de l'assurance santé ? Non ! Les statistiques officielles sont sans appel : une écrasante majorité des dépenses de santé en France sont prises en charge par l'État (80 %) et seule une part très minoritaire revient aux organismes complémentaires (13 %), le reste (7 %) étant acquitté directement par les ménages.

Ainsi, la Sécurité sociale déclare avoir collecté 216,6 milliards d'euros de recettes en 2021 pour financer les dépenses de l'assurance maladie, quand les organismes complémentaires collectaient 38,3 milliards de cotisations cette même année. Autrement dit la Sécurité sociale pèse, en fonds collectés pour financer le risque maladie, plus de 5,6 fois plus que les complémentaires. Nous sommes loin d'une privatisation de la santé ! Cette répartition des dépenses de santé est d'ailleurs globalement stable depuis 2008 selon la DREES : le privé ne progresse donc pas au détriment du public.

Si ce système pyramidal, qui implique de multiples acteurs publics et privés, est parfois complexe à comprendre par les assurés, il est toutefois efficace car il permet une couverture large des coûts de santé pour plus de neuf Français sur dix. L'intervention d'acteurs privés dans ce système permet également d'offrir une couverture de santé plus adaptée aux situations particulières des assurés (âge, lieu de vie, état de santé, etc.) quand l'acteur public est plus monolithique. L'action du public et du privé est ainsi… complémentaire.

Notre système de santé est donc bien un « mille-feuille », mais un mille-feuille généreux !

« La Sécu et la CMU sont financées par nos impôts ! »

Les engagements qui nous lient au corps social ne sont obligatoires que parce qu'ils sont mutuels, et leur nature est telle qu'en les remplissant on ne peut travailler pour autrui sans travailler aussi pour soi.

Jean-Jacques Rousseau, écrivain et philosophe

Le financement des dépenses de santé

Les dépenses de santé augmentent de manière régulière et massive dans les pays développés. Ainsi, en 1970, la France consacrait 3,9 % de l'ensemble de son PIB à ses dépenses de santé. En 1990, cette proportion représentait 6 %. Aujourd'hui, elle s'élève à 11,3 % dans le rapport 2020 de la DREES. Les dépenses de santé ont donc été, en proportion de la richesse nationale, multipliées par 2,9 en 50 ans, alors que, sur cette même période, la population française n'a été multipliée que par 1,3. Cela signifie que les dépenses de santé croissent beaucoup plus vite (2,2 fois) que la population. Ce phénomène se retrouve également aux États-Unis, passés de 2,3 % en 1970 à plus de 16 % en 2020, ou, de manière moins spectaculaire en Allemagne qui consacrait 4,1 % de sa richesse nationale à ses dépenses de santé en 1970 contre près de 12 % en 2020.

Les raisons de la croissance globale de ces dépenses en France, comme dans les autres pays développés, sont liées à plusieurs facteurs dont le vieillissement de la population (en 1975, l'INSEE recensait 13 % de la population française âgée de 65 ans ou plus, contre 20 % en 2019), la hausse du niveau de vie qui permet d'augmenter la part du revenu consacrée à la santé, et, bien sûr, l'amélioration globale de l'offre de santé (progrès technique, meilleur maillage de soins sur le territoire, meilleur remboursement...).

Cette augmentation de la dépense de santé n'est pas inquiétante ou mauvaise en soi : elle est au contraire facteur d'allongement de la vie en bonne santé. En 2020, en France, une femme de 65 ans pouvait ainsi espérer vivre 12,1 ans sans incapacité et 18,1 ans sans incapacité sévère ; un homme, 10,6 ans sans incapacité et 15,7 ans sans incapacité sévère. Depuis 2008, l'espérance de vie sans incapacité à 65 ans a augmenté de 2 ans et 1 mois pour les femmes et de 1 an et 11 mois pour les hommes, selon la DREES. Quel progrès !

La question face à cette hausse structurelle de la dépense de santé qui risque de se poursuivre au vu des tendances de fond des sociétés développées, n'est donc pas comment empêcher une augmentation des dépenses (même si la chasse aux dépenses indues est légitime et nécessaire), mais comment faire pour que la facture soit la moins lourde possible pour les citoyens ? Autrement dit en matière de santé, qui doit payer quoi ?

Les données de la Sécurité sociale sont très claires. En 2019, 80 % des dépenses de santé en France étaient financées par la Sécurité sociale dite de « base », 13 % par les organismes complémentaires (mutuelles) et 7 % directement par les ménages. Autrement dit, le PIB français en 2019 (dernière année avant Covid représentative d'une activité économique normale) s'est élevé à 2 425,7 milliards d'euros. Sur cette somme 11,2% ont été consacrés aux dépenses de santés soit 271, 6 milliards d'euros. Sur ces 271,6 milliards, 7 % (soit 19 milliards) ont été payés directement par les 28,2 millions de ménages français. Cela revient à 673 euros par an et par ménage (unité de vie des Français), ou, 283 euros par Français. Si cette dépense était mensualisée, comme l'essentiel des dépenses courantes des Français, cela revient à environ 23,6 euros par mois et par Français. Bien moins qu'un abonnement téléphonique ou qu'une facture d'électricité.

Il est à noter, également, que, sur le long terme, la part de dépenses de santé directement acquittées par les Français s'est réduite, passant de 10 % en 1995 à 7 % en 2019 alors même que, comme on l'a vu plus haut, les dépenses de santé ont augmenté sur cette période. Bien sûr, ce coût d'environ 20 euros par tête est à la fois une approximation et une moyenne. En fonction du profil des assurés et des contrats qu'ils ont souscrits auprès des mutuelles, ce montant peut varier. Une personne âgée souffrant de nombreuses maladies et habitant sur la Côte d'Azur va supporter un coût plus élevé qu'un jeune homme en bonne santé habitant en Corrèze. Il faut toutefois rappeler que, bien évidemment, la Sécurité sociale est financée par les cotisations sociales, c'est-à-dire des perceptions sur tous les salaires versés, et que ce sont donc, *in fine*, les patients qui payent, de manière plus ou moins visible, le coût du système de santé.

Il n'en reste pas moins vrai, pour tous les Français quels qu'ils soient, qu'à situation égale, un citoyen français payera toujours moins de sa poche pour ses frais de santé que n'importe quel habitant d'un autre pays développé.

Le projet de Grande Sécu

En juillet 2021, le ministre de la Santé, Olivier Véran a proposé de réfléchir à la création d'une « Grande Sécurité sociale ». Cette idée a, depuis, été largement reprise dans le cadre du débat public et politique.

En quoi consiste cette idée ? Le constat de base n'est pas que la Sécurité sociale soit spécialement

« petite » contrairement à ce que l'utilisation de l'épithète « grande » pourrait faire croire. En effet, pour l'ensemble des régimes obligatoires de base en 2022, la Sécurité sociale prévoit 550,5 milliards d'euros de recettes pour 570,2 milliards d'euros de dépenses donc un solde négatif de presque 20 milliards. La branche maladie représente à elle seule, 211 milliards d'euros de recettes, pour 230 milliards de dépenses et un solde négatif de 19,1 milliards. L'importance de ces montants doit être mise en regard par exemple des PIB du Portugal (un peu plus de 200 milliards d'euros en 2020) ou de l'Autriche (379,32 milliards d'euros en 2020). C'est dire l'ampleur unique de notre Sécurité sociale au sein des pays développés.

Non, quand le ministre de la Santé évoque la « Grande Sécu » c'est qu'il estime qu'elle devrait être plus grande encore. Autrement dit, il pense que la Sécurité sociale ne peut pas se contenter de financer 80 % des dépenses de santé, mais qu'elle doit aller plus loin en supportant tout ou partie du coût assumé par les organismes complémentaires (mutuelles) et les ménages (7 %).

Mandaté par le ministère, le Haut Conseil pour l'avenir de l'assurance maladie (HCAAM) a rendu public le 14 janvier 2022 un rapport intitulé « Quatre scénarios polaires d'évolution de l'articulation entre Sécurité sociale et Assurance maladie complémentaire » étudiant cette question de la « Grande Sécu ».

Dans ce rapport, le HCAAM note que le système permet de couvrir une écrasante majorité des Français mais que son coût, alliant public et privé, s'avère élevé à cause de « frais de gestion » lourds (les deuxièmes les plus importants derrière les États-Unis au sein des pays de l'OCDE). Elle note aussi que des inégalités persistent en fonction des contrats complémentaires qui sont souscrits : les assurances individuelles protégeant par exemple moins bien que les contrats collectifs couvrant les salariés du privé.

Le HCAAM a donc examiné la possibilité que la Sécurité sociale prenne à sa charge les tickets modérateurs et de nombreuses autres dépenses financées par les complémentaires santé. Autrement dit que les mutuelles soient, pour tout ou partie, nationalisées de fait.

Cela obligerait l'État à s'acquitter de 18,8 milliards d'euros supplémentaires (alors que le déficit prévisionnel de la branche maladie est de 19,1 milliards en 2022). À ces 18,8 milliards pourraient s'ajouter 3,5 milliards d'euros de manque à gagner fiscal (provenant des impôts et taxes que les mutuelles ne paieraient plus au vu de l'activité qu'on leur retirerait et qui diminuerait d'autant leurs revenus). Un montant total de 22,6 milliards d'euros !

Pour couvrir cette dépense supplémentaire, le HCAAM estime que par exemple une hausse de la CSG serait compensée par une baisse des primes dont les assurés s'acquittaient pour leur assurance privée.

Le HCAAM estime que les frais de gestion globaux pourraient baisser d'environ 5 milliards. *In fine*, il pourrait y avoir des gagnants (les personnes d'au moins 80 ans) et des perdants (les 20 % les plus aisés).

Cette idée est-elle donc bonne ? Elle semble, à tout le moins, contestable car elle repose sur des présupposés que l'on peut discuter. D'abord, l'idée que les frais de gestion de la Sécurité sociale seraient plus faibles que ceux des complémentaires est trompeuse. La Sécurité sociale est en effet structurellement en déficit (20 milliards prévus en 2022 !) alors que les mutuelles se doivent d'être à l'équilibre financier. Les frais de gestion de la Sécurité sociale peuvent apparaître donc plus bas, mais ils seraient plus hauts si on leur réintégrait le déficit annuel qui, *in fine*, sera remboursé par le contribuable.

Par ailleurs le recouvrement des cotisations est assuré par les Urssaf, ce qui biaise le coût de gestion apparent de la Sécurité sociale qui n'intègre pas ce coût tout en bénéficiant du produit des cotisations, alors que les complémentaires, dans leur coût de gestion, affichent bien sûr ce coût de recouvrement des cotisations.

Ensuite, s'il y a des traitements différents entre assurés, c'est parce que les complémentaires font un traitement sur mesure des assurés (en fonction de leur âge, sexe, etc...) contrairement à la Sécurité sociale. Les conventions collectives nationales par branches pour les salariés du privé obligent également les organismes à respecter des minima de garantie ou de taux de cotisation, qui peuvent varier d'un texte l'autre... Ainsi donc les complémentaires n'ont rien d'un régime monolithique comme celui de la Sécurité sociale. Elles offrent un traitement adapté aux exigences de leurs assurés, ce qui en soi, n'est pas une inégalité mais une qualité de service. Les mutuelles représentent par ailleurs 2 800 établissements de soins et d'accompagnement mutualistes sur tout le territoire, qui disparaîtraient si les missions des complémentaires venaient à être fondues dans une telle réforme.

Surtout, si les complémentaires étaient supprimées ou nationalisées dans une « Grande Sécu », les patients devront continuer à s'acquitter d'une part de dépassements d'honoraires, si bien que persistera une demande d'assurance complémentaire qui ne sera jamais couverte par l'État.

Enfin, ce projet de Grande Sécu menacerait près de 100 000 emplois non délocalisables, et de personnels qualifiés, souvent proches des patients et de leurs besoins. Est-ce vraiment opportun d'assumer un tel plan social aujourd'hui ?

Finalement, l'idée, qui pourrait apparaître généreuse sur le papier, d'une « Grande Sécu », semble hasardeuse : il est peu probable que les patients y gagnent financièrement, la qualité du système de santé pourrait se dégrader et tout cela au prix de la destruction d'un secteur économique entier, riche en emplois.

Il apparaît plus pertinent de travailler sur les causes réelles de l'augmentation des dépenses de santé qui grimpent essentiellement à cause des modes de vie à risque, du vieillissement de la population, du développement des maladies chroniques, des déserts médicaux, des disparités de rémunération des professionnels de santé, de notre préférence pour le soin et de nos choix personnels en matière de types de soins et de professionnels de santé.

« La CMU offre une assurance santé aux plus démunis. »

Avec le recul du temps, la CMU peut être qualifiée de grande loi sociale ayant apporté un vrai progrès à des personnes en difficulté. Cette loi achève, en effet, après plus d'un demi-siècle d'efforts le processus de généralisation de l'assurance maladie entamé en 1945.

Jean-François Chadelat, *Revue d'histoire de la protection sociale,* 2012

La CMU, ou Couverture maladie universelle, est une idée née du « plan Juppé » de 1995 sur les retraites et la Sécurité sociale. Parmi les mesures adoptées, malgré des grèves demeurées dans les mémoires, on trouvait notamment l'instauration de la CRDS (Contribution pour le remboursement de la dette sociale), la mise en place d'un objectif national des dépenses d'assurance maladie (ONDAM), fixé chaque année par une loi de financement de la Sécurité sociale (LFSS), la régionalisation du système de santé avec la création des agences régionales d'hospitalisation (ARH). Était également prévue la création d'une Assurance maladie universelle (AMU), qui sera concrétisée en 1999, sous le gouvernement Jospin, sous le nom de CMU. Les principes généraux étaient donc à la fois de mieux financer la protection sociale et d'élargir la protection des Français.

La CMU, issue de la loi 99-641 du 27 juillet 1999 et rendue effective à compter du 1er janvier 2000, est un régime de couverture médicale « universalisé » par une assurance maladie universelle dont l'affiliation ne repose pas sur une condition de travail mais sur une condition de résidence.

L'objectif de cette réforme majeure était de donner une protection sociale à ceux qui ne pouvaient bénéficier ni du régime général ni de l'Aide médicale départementale (AMD). Près d'1,1 million de personnes ont profité de cette mesure dès l'an 2000. Très vite, le nombre de bénéficiaires du dispositif a augmenté, il avait doublé en 10 ans. En outre, cette CMU de base s'est doublée d'une Couverture maladie universelle complémentaire (dite « CMU-c ») pour assurer la prise en charge du ticket modérateur, du forfait hospitalier et des frais supplémentaires couvrant les soins dentaires, les soins en lunetterie et les prothèses.

Cette CMU-c concernait 4,6 millions de personnes en 2000, et 5,63 millions fin 2018. La CMU de base a été remplacée au 1er janvier 2016 par la protection universelle maladie (PUMa). Cette nouvelle forme de CMU entend simplifier les démarches en réduisant le nombre de justificatifs à apporter et cherche à éviter les ruptures de droits : en cas de perte d'activité ou de changement de situation professionnelle, le régime d'assurance est prolongé.

La CMU-c a quant à elle été remplacée par la complémentaire santé solidaire (CSS). En effet, en 2019, le montant de revenus ouvrant droit à la CMU-c (745 euros mensuels pour une personne seule) était en dessous du seuil de pauvreté (fixé à 1 026 euros), ce qui excluait un certain nombre de personnes souffrant de précarité. L'aide au paiement d'une complémentaire santé (ACS) avait été mise en place en 2005 pour permettre aux personnes en dessous du seuil de pauvreté mais au-dessus de celui de la CMU-c de financer une partie de leur complémentaire *via* un chèque dédié (utilisé par 1,3 million de personnes fin 2018). Mais par méconnaissance ou incapacité à mener les démarches près de la moitié des personnes éligibles à l'ACS n'y avait pas recours. La CSS est une fusion de la CMU-c et de l'ACS pour élargir la couverture de ces personnes et éviter ces effets de seuil. La couverture des personnes les moins favorisées a donc beaucoup progressé depuis l'an 2000.

Mais qui finance cette CMU-c devenue CSS qui bénéficiait en 2019 à 7,2 millions de personnes, soit plus de 10 % de la population française ? Les mutuelles ! Les mutuelles santé s'acquittent en effet de la TSA, la taxe de solidarité additionnelle, fusion en 2015 de la taxe sur les conventions d'assurance (TSCA), créée en 1944, et la taxe de solidarité additionnelle (TSA) créée en 1999 pour aider au financement de la couverture maladie universelle.

Le produit de la TSA s'est élevé à 5,2 milliards d'euros en 2021. Il est affecté à 50 % pour le financement de la CSS et pour 50 % à la branche maladie de la Sécurité sociale. Ce sont donc plus de 2,6 milliards d'euros qui sont collectés auprès des mutuelles pour payer le coût de la CSS. Sur 100 euros de cotisations, en fonction des contrats, le montant qui va aller à la CSS peut dépasser les 10 % voire les 12 %.

Le dispositif généreux de la CSS ne pourrait donc pas être financé sans les mutuelles. Il montre le rôle essentiel que jouent les complémentaires santé dans la solidarité nationale envers les plus précaires, et explique également, en partie, le montant des cotisations des assurés. Il n'y aurait pas de financement de la CSS possible sans les mutuelles qui viennent ainsi indirectement au service des plus modestes.

« Le mythe du "tous couverts" ? »

Si cela m'était possible, j'écrirais le mot « assurance » dans chaque foyer et sur le front de chaque homme, tant que je suis convaincu que l'assurance peut, à un prix modéré, libérer les familles de catastrophes irréparables.

Winston Churchill, homme politique

Ainsi que nous l'avons vu les Français qui bénéficient d'une complémentaire santé sont, globalement, mieux couverts que leurs voisins européens ou américains pour un coût moindre. Mais quelle est la proportion de la population qui bénéficie d'une telle protection ? Les données de la DREES (Direction de la recherche, des études, de l'évaluation et des statistiques du ministère de la Santé) sont sans appel : aujourd'hui 96 % de la population française bénéficie d'une complémentaire.

L'universalisation complète de l'accès à la couverture santé complémentaire est donc presque achevée. Cela veut dire que n'importe qui, quels que soient sa situation, son revenu, son âge, son état de santé, son fait d'occuper ou non un emploi, etc. peut être protégé par une complémentaire.

Ce chiffre était déjà très élevé depuis plusieurs années. Mais il a encore progressé dans les années 2010 grâce à l'accord national interprofessionnel (ANI) signé en 2013 et entré en application le 1er janvier 2016. Cet accord, signé par les partenaires sociaux des différentes branches professionnelles, a pour but de sécuriser l'emploi et les parcours professionnels. Il prévoit notamment la généralisation du dispositif de complémentaire santé d'entreprise au 1er janvier 2016. Ainsi, l'ensemble des employeurs de droit privé, à l'exception des particuliers employeurs (les personnes qui ont recours à l'emploi à domicile par exemple), a désormais l'obligation de proposer une complémentaire santé collective à ses salariés et d'en financer au moins la moitié. En parallèle, les salariés ont obligation de souscrire à ces contrats sauf s'ils sont déjà couverts par ailleurs.

En outre, l'ANI de 2013 prévoyait l'extension de la portabilité des droits pour les chômeurs jusqu'à un an après la perte d'emploi, contre 9 mois auparavant. Autrement dit, cette mesure permet aux personnes au chômage, et à leurs ayants droit (enfants ou conjoint par exemple) de continuer à bénéficier gratuitement de la complémentaire santé d'entreprise après la fin du contrat de travail. Ce dispositif généreux est financé par les cotisations des salariés de l'entreprise et celles de l'employeur. Il s'agit donc d'un système de mutualisation où les salariés financent l'assurance santé des chômeurs.

Quels ont été les effets de cet ANI ? Ils ont été immédiats et substantiels ! Le taux de personnes couvertes par une complémentaire santé a augmenté d'un point en 2015 par rapport à 2014 (passant de 95 % à 96 %) alors qu'il stagnait depuis plusieurs années. Les salariés qui ont le plus profité de l'ANI sont les plus précaires.

La part des chômeurs non couverts par une complémentaire est passée 16 % en 2014 à 13 % en 2017 : la portabilité a produit ses effets. Ces 4 % de personnes qui ne sont toujours pas couvertes se retrouvent parmi les chômeurs mais aussi au sein des inactifs en âge de travailler (9 %) et des personnes au sein du premier décile de niveau de vie, et donc les moins aisées (11 %). Ce sont donc encore les personnes les moins favorisées qui échappent à cette couverture quasi universelle.

Toutefois la DREES estime que ce taux de 96 % est « irréductible », il est presqu'impossible d'arriver à un chiffre de 100 %. En effet, parmi ces 4 % de personnes qui demeurent non couvertes, 20 % estiment ne pas en avoir besoin, tandis que d'autres, parfois entre deux emplois, indiquent simplement ne pas avoir eu le temps de mener les démarches nécessaires.

L'idéal solidaire du « tous couverts » est donc une réalité.

« Ma mutuelle coûte cher. »

Les mutuelles qui choisissent d'augmenter leurs tarifs justifient cette pratique par l'augmentation constante des dépenses de santé depuis des années et par le 100 % Santé qui impacte le montant des remboursements.

Marion Plasse, journaliste, Les Furets, 4 novembre 2021

« Ma mutuelle coûte cher ! » voilà le sentiment ancré dans l'esprit de nombreux Français. 32 % jugent ainsi le coût de leur assurance santé trop élevé par rapport à la couverture proposée selon le baromètre IFOP réalisé en septembre 2021 pour le groupe SPVIE Assurances.

Il est indéniable que toute mutuelle représente un coût pour les Français, qu'il est cependant difficile à estimer précisément car il varie en fonction de la situation personnelle de chaque assuré. Notamment l'âge : plus on vieillit plus les dépenses de santé sont importantes et plus les cotisations augmentent. Mais aussi de la situation professionnelle : les cadres « consomment » généralement plus d'actes de santé que les non-cadres, ce qui augmente leurs cotisations, à l'inverse des indépendants par exemple. Ou encore la situation familiale (nombre d'enfants à charge…), l'aversion au risque (certains sont prêts à payer plus pour être mieux couverts, d'autres non), le sexe (les femmes consomment en moyenne plus que les hommes) ou le lieu d'habitation (les frais de santé, sont généralement plus élevés – notamment à cause des dépassements d'honoraires –, en Île-de-France ou sur la Côte d'Azur, ce qui tire les cotisations vers le haut… que dans les zones rurales où les tarifs sont moins élevés car le plus grand éloignement des professionnels de santé fait que l'on consulte moins). Les frais appliqués par les mutuelles, en fonction de leurs propres charges de gestion, ou les variations de la fiscalité peuvent également influer sur les coûts de la mutuelle.

Globalement, en tenant compte de ces différents facteurs, on peut toutefois estimer que le coût moyen d'une mutuelle pour une personne se situe entre 30 et 100 euros par mois.

Ce coût est-il élevé par rapport à celui qui est appliqué dans de grands pays développés comparables à la France ? Non, au contraire. Le coût des mutuelles santé françaises est le moins élevé et pour des remboursements qui couvrent des champs plus larges qu'à l'étranger. Autrement dit le rapport coût/couverture des mutuelles en France est imbattable.

Selon la Fondation Henry Kaiser Family, le coût moyen annuel d'une mutuelle individuelle américaine s'élève à 6 251 dollars… Soit entre quinze et cinq fois plus cher qu'en France par exemple. Ce prix prohibitif fait que 8 % de la population américaine (soit près de 30 millions de personnes) ne disposent d'aucune assurance maladie, ni privée, ni publique.

En Espagne le coût est similaire à la France, pour des remboursements moins bons. En Allemagne le système des mutuelles santé est peu avantageux et attire seulement 11 % des personnes assurables. En Angleterre le service est meilleur qu'en Allemagne mais moins bon qu'en France et n'attire que 60 % de la population qui pourrait en bénéficier. Pour les mêmes raisons, en Italie, seuls 6 % de la population ont pris une mutuelle…

Les tarifs des mutuelles ont augmenté de 2,6 % en 2021. Ils s'apprêtent également à croître de plus de 3 % en 2022. Les causes de ces augmentations sont multiples. La principale explication, outre la cause structurelle du vieillissement de la population française, tient à l'effet de rattrapage consécutif au confinement de 2020 et à la priorité donnée à la lutte contre le Covid qui a retardé de nombreuses consultations et les soins afférents. En 2020, les consultations des médecins spécialistes ont ainsi chuté de 71 %, les soins dentaires et optiques de plus de 90 %. En 2021, les consultations ont progressé de 45 % et les remboursements ont suivi et donc les coûts pour les mutuelles qui se répercutent automatiquement sur ceux des contrats.

« La France est le pays leader des mutuelles "bon marché". »

La meilleure santé, c'est de ne pas sentir sa santé.

Jules Renard

Pour quelles raisons la France occupe-t-elle cette place de leader ? D'abord parce que le coût des actes médicaux est moins cher en France qu'ailleurs. Le prix d'une consultation chez un médecin généraliste aux États-Unis se situe dans une fourchette entre 120 et 230 dollars, contre 25 euros en France. De même une consultation pédiatrique atteint 200 dollars en Amérique contre 32 euros en France et un accouchement peut aller jusqu'à 30 000 voire 50 000 dollars aux États-Unis contre 2 400 euros en France. Au Royaume-Uni, si les prix sont moins exorbitants qu'aux États-Unis, ils demeurent bien plus chers qu'en France : 150 livres pour un généraliste, 250 livres pour un spécialiste, 12 500 livres pour un accouchement. Logiquement quand le coût des actes est moindre, le coût de la mutuelle l'est aussi.

Mais là n'est pas la seule raison de l'avantage comparatif du coût des mutuelles en France. Dans notre pays, la mutuelle est toujours complémentaire. Autrement dit l'essentiel du coût de la santé n'est pas pris en charge par les mutuelles, mais par la Sécurité sociale, ce qu'on appelle le régime « obligatoire ». Plus de 80 % de la dépense courante de santé au sens international (DCSi) en France sont ainsi portés par la Sécurité sociale. En Grèce c'est moins de 60 %, en Espagne 65 % de même qu'en Suisse… Les soins les plus coûteux : les hospitalisations et les six derniers mois de la vie (qui ont un coût égal à celui de l'ensemble de la vie) sont quasiment intégralement portés par l'État.

En outre, en France, depuis le 1er janvier 2016, les complémentaires santé sont prises en charge, pour toute entreprise de plus d'un salarié, au minimum à 50% par l'employeur. Un socle de garanties minimales de soins remboursés est négocié dans le cadre d'un accord national interprofessionnel (ANI). Autrement dit, tous les salariés d'un secteur – hôtellerie, bâtiment, etc. – bénéficient ainsi d'un même panier de soins remboursés. La mutuelle peut couvrir le salarié et sa famille, ce qui réduit encore le coût pour les ménages. À compter du 1er janvier 2022, les agents de la fonction publique d'État bénéficient d'un forfait mensuel de 15 euros pour rembourser une partie des cotisations de protection sociale complémentaire de leur mutuelle. Autant de moins à sortir de la poche des Français.

Enfin, ce coût des mutuelles en France est d'autant plus intéressant qu'il couvre un panier de soins plus large qu'à l'étranger. En Allemagne, en Espagne, au Royaume-Uni et en Irlande les frais optiques ne sont par exemple pas couverts quand ils le sont en bonne partie en France. En Espagne et en Irlande, les frais dentaires ne sont pas non plus couverts, ils le sont partiellement par les mutuelles françaises.

Pour résumer, les mutuelles ne sont certes pas gratuites en France, mais elles sont nettement moins chères que partout ailleurs dans les pays développés au niveau de vie comparable au nôtre pour un remboursement des frais de santé plus généreux. *In fine*, le coût des mutuelles en France est très largement inférieur au prix réel de ce qu'elles remboursent. L'assuré est donc largement gagnant. Les mutuelles ne sont pas chères pour le service qu'elles rendent.

« La Résiliation Infra-Annuelle va faire baisser les prix. »

Contrairement à ce que tout le monde dit, la résiliation infra-annuelle ne va pas faire baisser les tarifs. Cela va créer de la volatilité et les assureurs amortiront les contrats à plus court terme, ce qui entraînera forcément une augmentation des tarifs.

Sidney Mbassi, courtier en assurances, *La Tribune de l'assurance* n°281 du 30 juin 2022

Résiliation infra-annuelle. Qu'est-ce qui se cache derrière cette appellation un peu technocratique et obscure ? Jusqu'en 2019, une personne qui avait souscrit un contrat de complémentaire santé auprès d'une mutuelle ne pouvait le résilier qu'une fois par an, deux mois avant la date anniversaire de la souscription dudit contrat. Si l'assuré ne manifestait pas son désir de mettre un terme à son contrat dans ces délais, le contrat était tacitement reconduit, d'une année sur l'autre.

Certains jugeaient cette possibilité trop limitée pour l'assuré. Ils pensaient que donner plus de latitude aux assurés pour résilier un contrat pourrait accroître leur liberté, notamment si ceux-ci jugeaient leur contrat inadapté ou trop coûteux. Plus globalement, ils pariaient aussi sur le fait que cela permettrait d'avoir un marché de l'assurance santé plus fluide, avec une concurrence accrue entre mutuelles qui se traduirait, *in fine*, par de meilleures garanties, une baisse des coûts de souscription, et donc des gains de pouvoir d'achat pour les assurés.

En cela, ils s'inspiraient de la loi du 7 mars 2014, dite loi Hamon, qui avait pour objectif de renforcer les droits des consommateurs. Cette loi comprenait, comme mesure phare largement médiatisée la possibilité de recourir aux « *class action* » en France, c'est-à-dire de permettre aux associations de consommateurs des voies de recours collectif contre des entreprises qui auraient, par exemple, abusivement facturé des clients. Elle offrait aussi la faculté de résilier son contrat d'assurance responsabilité civile automobile ou multirisque habitation, au terme de la première année, sans attendre la date anniversaire du contrat.

Le gouvernement a repris cette idée au cœur de la loi Hamon pour l'appliquer aux mutuelles santé. Ainsi, la loi n° 2019-733 du 14 juillet 2019 permet aux assurés de résilier, après un an de souscription, leur contrat de complémentaire santé, à tout moment, sans frais ni pénalité. Le décret n° 2020-1438 du 24 novembre 2020 a défini que seraient concernés par cette nouvelle faculté les contrats de mutuelles visant à couvrir les risques liés à la santé : remboursement des frais occasionnés par une maladie, une maternité ou un accident. Cette disposition est entrée en vigueur le 1er décembre 2020 : désormais tout assuré, au bout d'un an, peut donc résilier le contrat qui le lie à sa mutuelle, comme il le souhaite au cours d'année. C'est la résiliation infra-annuelle.

Cette disposition semble, sur le papier, séduisante, et, à tout le moins, favorable au consommateur. Dans les faits, qu'en est-il ? Les assurés seront-ils vraiment les gagnants de cette réforme, à la fois en termes de pouvoir d'achat et de qualité de couverture ? Le recul, moins de deux ans après l'entrée en vigueur de la mesure, est bien sûr insuffisant pour tirer un bilan argumenté définitif.

Toutefois, les premiers indicateurs semblent montrer que cette mesure a eu un effet plutôt contraire à celui escompté. Tout d'abord, en 2021, le volume des résiliations ne semble pas être plus élevé que d'habitude : preuve que cette réforme était peu attendue par les assurés. Les résiliations sont quasiment nulles pour les contrats collectifs souscrits par les entreprises pour leurs salariés et à peine plus nombreux pour les contrats individuels.

Par ailleurs, l'entrée en vigueur de la résiliation infra-annuelle s'est traduite par une hausse des tarifs. Pour comprendre cela, il faut s'intéresser à la façon dont une mutuelle fixe ses prix. Le prix est essentiellement lié à la mesure du risque que prend l'assureur en couvrant une personne. L'assureur fixe ainsi ses tarifs en fonction du profil de l'assuré (âge, sexe, profession, lieu d'habitation, etc.) mais aussi en fonction de la durée d'un contrat. Sur une durée donnée (un an ou plus) il sait qu'en fonction de son profil un assuré va aller en moyenne X fois chez un généraliste, chez un spécialiste, chez un pharmacien. Il arrive à évaluer ainsi assez précisément ce que va coûter une année de consommation de soins. Mais si la durée n'est plus connue – puisque l'assuré peut résilier à tout moment après un an – l'assureur se retrouve alors dans une incertitude plus grande. Et l'incertitude augmente le risque, qui, lui, augmente les prix à son tour.

Enlever de la visibilité sur la durée des contrats aux assureurs, c'est augmenter le risque donc le coût pour les mutuelles comme pour l'assuré. C'est perdant-perdant. La résiliation infra-annuelle devrait contribuer à la hausse des prix alors qu'elle était censée induire leur baisse. C'est l'effet paradoxalement contre-productif de cette mesure.

L'exemple de la loi Hamon aurait pourtant dû alerter les décideurs. Plus de sept ans après son entrée en vigueur, les tarifs des assurances auto comme des assurances multirisque habitation ont régulièrement augmenté. Il y a donc peu de chances que ce qui a peu fonctionné pour le secteur automobile soit la solution miracle pour le secteur de la santé.

Les seuls gagnants pourraient bien être les centres d'appel car les assurés vont être de plus en plus démarchés au téléphone pour changer de complémentaire santé... Pas de quoi améliorer ni le pouvoir d'achat, ni la couverture santé, ni la qualité de vie des Français !

« Ma mutuelle me rembourse mal. »

Si les Français n'arrivent pas à se soigner, c'est la faute aux complémentaires santé qui doivent rembourser les yeux fermés, sans aucun contrôle, ce que la Sécu n'est pas en mesure de prendre en charge.

Frédéric Bizard, économiste de la santé

Avec le sentiment de « payer trop », le sentiment d'être mal remboursé est l'autre « versant » des personnes qui se disent mécontentes de leur mutuelle. Alors les mutuelles françaises remboursent-elles mal ? Répondre à cette question est complexe car il y a presqu'autant de contrats d'assurance que d'assurés. D'évidence le taux de remboursement dépend du contrat souscrit par l'entreprise, qui peut être plus ou moins généreuse. Il dépend également du coût de l'acte médical effectué dont on a vu qu'il pouvait être très différent en fonction de l'endroit où l'on habite, mais aussi du médecin que l'on choisit librement (certains dépassent les honoraires, d'autres non).

Bref, il n'y a pas de règle générale quant au remboursement, mais une possibilité, quasi infinie, de situations qui peuvent évoluer tout au long d'une vie, au gré des changements de carrière, des déménagements, des aléas conjugaux et autres « pépins » de santé ainsi que des choix de l'assuré lui-même à la fois en tant que « consommateur » de soins (assumer vouloir voir des spécialistes qui pratiquent des dépassements d'honoraires) et en tant qu'assuré (combien est-on prêt à payer pour se couvrir du risque santé ?)

Si certaines personnes estiment devoir bénéficier de meilleurs remboursements, en plus de ceux proposés par le contrat souscrit par leur entreprise, elles peuvent souscrire à une « surcomplémentaire ». Une surcomplémentaire santé est ainsi un supplément à la complémentaire santé. Elle a pour but de mieux rembourser des postes tels que les frais d'optique ou dentaires, les dépassements d'honoraires ou encore les « médecines douces » (acupuncture, homéopathie, hypnose, kinésiologie, ostéopathie...).

L'intérêt pour les salariés est de consolider la prise en charge de leurs frais de santé grâce à un troisième niveau de garantie, le premier niveau étant l'Assurance maladie et le deuxième étant la complémentaire santé d'entreprise.

Prenons un exemple concret : un salarié se fait poser une couronne dentaire qu'il paie 580 euros avec une base de remboursement Sécurité sociale (BR) de 107,50 euros, remboursée à 70 % du BR, soit 75,25 euros au titre de la prise en charge de la Sécurité sociale. La complémentaire de l'entreprise offre un remboursement fixé à 130 % de la BR, soit 139,75 euros (130 % de 107,50 euros). Soit un remboursement de la Sécurité sociale et de la mutuelle entreprise qui s'élève 215 euros. Le reste à charge (ce que le salarié doit payer de sa poche) sera de 365 euros. Mais s'il a souscrit un contrat surcomplémentaire il pourra faire baisser encore ce reste à charge. Imaginons que ce contrat de surcomplémentaire prévoie une garantie de 225 % plus un forfait de 100 euros, l'assureur lui versera donc au maximum à ce titre la somme de 241,87 euros (225 % de la BR de 107,50 euros + 100 euros de forfait = 341,87 euros). Finalement, son reste à charge ne sera plus que de 23,13 euros. Bien sûr, pour bénéficier de cette couverture surcomplémentaire il faut cotiser plus : bénéficier d'une meilleure couverture est aussi un choix personnel et dépend de l'aversion au risque de chacun.

Par ailleurs, l'État a imposé par la loi (avec les contrats dits « responsables ») de bloquer le montant maximal de remboursement à deux fois la base (BR) pour tenter de limiter la croissance des dépenses de santé. Ce choix est du fait de l'État, pas des mutuelles. Il en résulte que, par exemple, cette mesure étant nationale, le coût du reste à charge est mécaniquement plus élevé pour les urbains (là où les dépassements d'honoraires sont plus fréquents) que pour les ruraux. Ainsi, avec ces contrats, les remboursements couvrent 100 % de la base Sécurité sociale, mais pas 100 % des soins dont les montants excèdent souvent ces montants (spécialistes, optique, dentaire…). 100 % de la base donc mais pas 100% du coût réel, ce qui peut entraîner des confusions, des incompréhensions voire des frustrations de la part de certains assurés qui peuvent avoir le sentiment que la promesse du remboursement n'est pas tenue.

Le système français permet également d'avancer la plupart des frais de santé (un patient sur 8 sort de l'hôpital sans avoir par exemple un centime à débourser et la présentation de la carte vitale et de son attestation d'assurance suffisent la plupart du temps à être remboursé directement sans avoir à avancer au préalable le moindre euro !). Ce système efficace et généreux présente toutefois un inconvénient : il ne permet pas aux assurés de savoir combien coûtent réellement les soins ou actes dont ils bénéficient. Cela peut générer un rapport faussé au prix, et donc au remboursement.

Ainsi, prenons l'exemple d'une personne hospitalisée cinq jours pour une opération chirurgicale (non complexe et se déroulant correctement) dans une clinique privée conventionnée. Ce séjour a un coût réel de 6 699 euros (opération comprise). Sur ce montant, la Sécurité sociale prend en charge deux tiers du coût environ soit 4346 euros, c'est-à-dire la plus grande part des frais d'hospitalisation et de chirurgie. Si le patient ne disposait pas de complémentaire ou de surcomplémentaire, il devrait donc s'acquitter personnellement de 2353 euros à la sortie de l'hôpital, c'est-à-dire tout ce qui n'est pas pris en charge par le régime général (ticket modérateur, dépassement d'honoraires, forfait journalier, chambre individuelle et éventuels frais de confort comme la télévision, etc.). En d'autres termes, sans mutuelle, un séjour à l'hôpital serait ruineux, mais il est rare que le patient en ait conscience car, s'il est bien assuré, il n'a pas besoin de sortir sa carte de crédit en quittant l'établissement de santé. Cette impression erronée de gratuité n'aide pas à prendre conscience de l'ampleur du remboursement supporté par la Sécurité sociale et les complémentaires.

Enfin, deux populations sont moins bien couvertes que la moyenne : les retraités et les fonctionnaires. Les retraités sont couverts dans le cadre de la loi Évin qui leur donne le droit de conserver à l'identique le contrat dont ils bénéficiaient quand ils étaient encore actifs (avec les mêmes droits et les mêmes cotisations). Dès la deuxième année de retraite, les cotisations peuvent augmenter. Et, au bout de trois ans, la cotisation est libre. Cette loi est critiquable : alors que la consommation médicale est le double à 72 ans qu'à 42 ans (et que les questions de santé sont différentes : grossesse par exemple), il y a peu de sens (pour l'assureur comme pour l'assuré) de conserver les mêmes garanties et les mêmes remboursements. On pourrait toutefois imaginer un dispositif de cotisation durant la vie active pour financer la prise en charge des coûts de santé qui explosent à la retraite.

Les fonctionnaires viennent quant à eux à peine de bénéficier d'un remboursement de leurs cotisations de complémentaire santé de 15 euros par mois, versés par l'État ou les collectivités concernées, depuis 2022. Un montant bien inférieur au coût réel des complémentaires. Ce remboursement est une première étape vers la prise en charge de la mutuelle santé qui sera élevée à hauteur de 50 % dès le 1er janvier 2024. En cela, ils bénéficient d'un régime moins favorable aujourd'hui que les salariés du privé. C'était jusqu'à présent un choix de l'État-employeur qui ne s'imposait pas les règles qu'il édictait pour les employeurs privés.

Toutefois, la tendance générale est nettement à la baisse du reste à charge : entre 2009 et 2020, le reste à charge des ménages est ainsi passé de 15,6 milliards d'euros à 13,6 milliards d'euros, soit une baisse de -12,8 %, alors que la CSBM (agrégat central des comptes de la santé qui représente la valeur totale des biens et services consommés pour la satisfaction des besoins de santé individuels) a augmenté de +23 % sur la même période (+17 % en prenant en compte l'accroissement de la population). Ainsi, le reste à charge des ménages est passé de 244 euros par habitant en 2009 à 202 euros par habitant en 2020, soit une baisse de -17 %, selon une étude de l'Institut national de la consommation.

Ce reste à charge en France est également le plus bas de tous les pays de l'OCDE.

Ainsi, la France est la championne du monde de la couverture santé. La générosité des assureurs et mutuelles n'y est pas pour rien.

Conclusion

Toutes les idées reçues ne sont pas vraies, nous l'avons vu. Tous les problèmes ou critiques que l'on peut adresser à l'assurance ne sont pas du fait ou de la responsabilité des assureurs non plus. Enfin, certains préjugés ou déficits d'information et d'explication sont à l'origine de bien des griefs que l'on peut souvent avoir soi-même, lire ou entendre.

Reste que certaines idées reçues, elles, sont vraies, et sont au cœur de beaucoup des enjeux et préoccupations depuis plusieurs années déjà, tant au sein des instances de régulation et de contrôle que de la profession et des acteurs eux-mêmes de l'assurance.

Le travail à entreprendre reste grand, mais les initiatives par les assureurs, distributeurs, courtiers et néo-assureurs ont déjà commencé à porter leurs fruits, et préfigurent de grands progrès à venir pour que l'assurance tienne enfin toute sa promesse de sécurité et de sûreté… mais aussi de confiance et de sérénité que chacun est en droit d'attendre de la part de celui qui lui assure qu'il sera à ses côtés pour l'aider et l'indemniser si le sinistre survient.

Fin 2021, 255 000 personnes travaillaient dans l'assurance, et ils sont plus de 17 000 à avoir rejoint le secteur en 2021, dont le quart en alternance. Loin de l'image surannée que l'on peut avoir des métiers et des personnes qui y travaillent, le secteur est dynamique et attire bien souvent des profils venus d'autres mondes professionnels, et qui ne repartent jamais.

« On arrive souvent dans l'assurance par hasard, mais on reste toujours pour une bonne raison » est une phrase que l'on entend souvent dans le petit monde de l'assurance. Si c'est peut-être une idée reçue, celles et ceux qui ont un jour découvert de plus près l'assurance pourront témoigner de la diversité et de la richesse de ce « petit monde » qui, chaque jour, contribue à ce que tourne le « grand monde ».

Bibliographie

Chiffres du marché français de la banque et de l'assurance 2020, Autorité de contrôle prudentiel et de résolution (ACPR), septembre 2021 :

https://acpr.banque-france.fr/sites/default/files/medias/documents/20211012_rapport_chiffres_2020_vf.pdf

Évaluation des dispositifs de secours et d'intervention mis en œuvre à l'occasion des tempêtes des 26 et 28 décembre 1999, Commission Interministérielle, janvier 2001 :

https://www.vie-publique.fr/sites/default/files/rapport/pdf/014000530.pdf

Votre cotisation d'assurance : la taxe fiscale et les contributions fixées par la réglementation, France Assureurs, janvier 2022 :

https://www.franceassureurs.fr/assurance-protege-finance-et-emploie/assurance-protege/lassurance-en-pratique-pour-les-particuliers/votre-cotisation-assurance-la-taxe-fiscale-et-les-contributions-fixees-par-la/

Le marché de l'assurance automobile des particuliers en 2020, France Assureurs, juin 2021 :

https://www.franceassureurs.fr/wp-content/uploads/VF_Lassurance_automobile_2020.pdf

Blockchain France : https://blockchainfrance.net/

Rapports : *La situation financière des organismes complémentaires assurant une couverture santé*, Direction de la Recherche, des Études, de l'Évaluation et des Statistiques (DREES) :

– 2020 : https://drees.solidarites-sante.gouv.fr/sites/default/files/2020-12/rapport-oc-2020.pdf
– 2021 : https://drees.solidarites-sante.gouv.fr/sites/default/files/2022-02/rapport_oc_2021.pdf

Gillez Nezosi, *La protection Sociale*, La Documentation française, décembre 2021 :
https://www.vie-publique.fr/catalogue/22814-la-protection-sociale

Les chiffres clés de la sécurité sociale 2020, Sécurité Sociale, 2021 :
https://www.securite-sociale.fr/files/live/sites/SSFR/files/medias/DSS/2021/CHIFFRES%20CLES%202020%20ED2021.pdf

Baromètre de l'image de l'assurance, IFOP pour SPVIE Assurances, septembre 2021 :
https://www.ifop.com/wp-content/uploads/2021/10/118254-Presentation.pdf

Synthèse bibliographique : *Les restes à charge ou les dépenses de santé catastrophiques en France et à l'étranger*, Institut de Recherche et Documentation en Économie de la Santé (IRDES), avril 2021 :
https://www.irdes.fr/documentation/syntheses/les-restes-a-charge-ou-les-depenses-de-sante-catastrophiques-en-france-et-a-l-etranger.pdf

À propos de SPVIE Assurances

Créé en 2010, le groupe SPVIE Assurances est un groupe de courtage 360°, qui conçoit, distribue et gère des offres et produits d'assurance de personnes et de biens (santé, prévoyance, dommages et autres produits contre les incendies, accidents et risques divers) innovants et adaptés à ses publics (particuliers, indépendants, professionnels, chefs d'entreprise et sociétés) comme à ses réseaux de distribution et à ses partenaires courtiers.

Tourné vers la satisfaction de ses assurés et de ses clients, SPVIE Assurances propose des solutions qui couvrent les usages d'aujourd'hui et anticipent les besoins de demain, ainsi que des services en proximité de gestion, d'accompagnement et de conseil par des experts métiers au quotidien.

Grâce à l'expertise et la complémentarité de ses filiales et entités, et propulsé par sa technologie et ses outils propriétaires (souscription, espace courtiers, espace assuré et RH, application mobile, gestion, CRM), le groupe SPVIE assurances se déploie sur toutes les filières avec une maîtrise de l'ensemble de la chaîne de valeurs, entièrement dématérialisée et automatisée.

Dynamique, digital et résolument au diapason de son époque, le groupe SPVIE Assurances compte fin 2021 plus de 550 personnes dans 8 sociétés implantées dans 4 pays. Depuis 2016, il réalise une croissance moyenne de chiffre d'affaires de 85% chaque année, et reste en 2022 à la 4e place du classement des courtiers grossistes français.

Les sociétés du groupe : SPVIE Assurances, SPVIE Wealth Management, 2A Assurances de l'Adour, OnVousAssure.com, CGRM, Network Assurances, SPVIE Technology, InFi Software (co-entreprise avec le groupe Duval).

Éditeur : Marie-Laurence Dubray

Crédit photo de couverture : © iStock

Imprimé en France par CPI Firmin Didot en septembre 2022. 171991
ISBN 979-10-318-0494-1 / Dépôt légal : août 2022
ISSN 1625 9157